끝나지 않은 꿈

끝나지 않은 꿈

희망과 행복을 위한 변화

송긍복
자전 에세이

도서
출판 **거북골**

책을 펴내며

　존경하는 구민 여러분, 그리고 당원 동지 여러분, 갑진년 '용의 해'가 밝았습니다. 새해에 늘 평온하시고 좋은 일들 많이 생기기를 기원합니다.

　제가 동래 지역에 뿌리를 내린 지가 어언 30년이 넘었습니다. 그동안 지역 봉사 활동을 통해 많은 구민들을 만났고 그들의 진솔한 이야기를 들을 수 있었습니다.
　논어에 '세 사람이 모인 곳이면 반드시 내 스승이 있다'란 구절이 있습니다. 여러분 한 사람 한 사람의 인간적인 삶으로부터 배웠던 많은 것들은 제 삶의 자양분이 되었습니다.

여러분들 덕분에 지역에서 자리 잡을 수 있었는데, 여기에 더해 여러분은 저에게 삶의 방향을 가르쳐 주었습니다. 한 인간의 도리로서, 과분하게 받은 은혜를 어떻게 하든 돌려드려야 하겠다는 게 제 삶의 방향입니다.
 이제 정치에 출사표를 던졌습니다. 긍지와 희망의 동래, 사람이 행복한 나라'를 위해 저 송긍복, 이 한 몸 바치겠습니다.
 제 이름 석 자대로, 여러분들 가슴에 긍지와 행복의 물뿌리개를 촉촉이 뿌려주는 '동래의 정원사'가 기꺼이 되겠습니다.
 새해 복 많이 받으십시오. 감사합니다.

2024년 새해, 송긍복

추천사

  제가 본 송긍복 이사장님은 학원의 올바른 방향성을 위해 직접 학생들의 이야기를 들으시고 이를 실천했던 분입니다.
  학생들을 친자식들 같이 대했고 신뢰와 정직, 도전 정신을 항상 가르쳤습니다. '방송 훈화'를 통해 늘 자신감을 심어 주었습니다. 특히 대학 입시에서 실패의 경험을 가지고 있는 재수생들에게 '실패는 신이 내려주신 계시'라며 더 높은 꿈을 향해 정진할 것을 당부했습니다.

또한 학원 내 선생님들과 학생들 간의 트러블이 생겼을 때 권위주의적, 일방적으로 학생을 질타하지 않았습니다. 상황을 정확히 파악하려 하시고 합리적으로 해결하려 하셨던 분입니다.
 송 이사장님의 앞날에 축복이 있기를 기원합니다.
 존경합니다. 감사합니다.

정준영(부산대학교 사학과 재학중)

추천사

　송긍복 후보를 부산고에서 만나서 지금까지 50년 이상 교류하면서 세심하게 관찰한 기억과 추억들을 요약해 봅니다.
　학창 시절 리더십과 추진력, 그리고 친구들에 대한 배려심을 겸비하였습니다. 또한 졸업 후 학교 동기회회장을 맡아 야구부 후원, 장학기금 조성 같은 동창회 발전에 기여한 공로가 지대합니다.
　기본적으로 매우 선량하고 정의감과 도덕심이 강한 면모를 지녔습니다. 학창 시절에는 매사에 배려와 정의감과 책임감을 지녔습니다. 또한 학원사업을 운영해 오면서 어려운 친구들의 자녀들을 학원에 무료 수강케 하는 따뜻한 심성의 소유자입니다.

또 동래구에 대동학원을 설립해 30년 이상 학생들의 학업 성취도를 향상시키고 대학 진학을 위한 가교 역할을 하는데 원장으로서 열정적인 노력을 다했습니다. 수만 명의 수강생들을 교육시켜 우리 사회의 훌륭한 인재로 양성하는 데 앞장섰을 뿐 아니라, 부산지역 학원연합회 회장을 맡아 학원 사업 활성화에도 큰 역할을 수행했습니다.

현재는 동래구발전협의회 회장을 맡아 지역 봉사 활동에 매진하고 있습니다.

자유총연맹 동래구지부 회장, 참여자치시민연대 후원이사, 한국보이스카웃부산연맹 부위원장, 한나라당 중앙위원회 동래지회장을 역임했습니다.

김태혁(전 부산대학교 부총장)

차례

책을 펴내며 ___ 4
추천사 | 정준영(부산대학교 사학과 재학중) ___ 6
추천사 | 김태혁(전 부산대학교 부총장) ___ 8

❶ 송긍복의 인생 가치와 철학

01 실패를 두려워 말자 ___ 17
02 '최상을 위하여 최선을 다하자' ___ 23
03 처음부터 끝까지 책임지는 정치인 ___ 29
04 악은 선이 아니라, 악이라고 칭해야 한다 ___ 35
05 더 높은 꿈을 가지자! ___ 39
06 미래 정치, 이렇게 됐으면 좋겠습니다 ___ 45

❷ 살아 꿈틀거리는 생활정치를 향한 꿈

01 '이카로스의 추락'과 생활정치 ___ 55
02 따뜻한 지역 공동체를 위하여 ___ 59
03 살아 꿈틀거리며 감동을 주는 정치 ___ 65
04 인구 절벽 대책은 없는가? ___ 71
05 화상(畵商) 볼라르와 청년 정치인 발굴 ___ 75
06 청년과 노인 간 세대 단절 ___ 79
07 교과서를 닮은 정치를! ___ 85
08 정치판, 이렇게 달라져야 한다 ___ 89
09 국민들이 정치에 무관심한 이유 ___ 95

차례

10 정치 입법 활동에서 중요하게 생각하는 것들(1) ___ 101

11 정치 입법 활동에서 중요하게 생각하는 것들(2) ___ 111

12 앞으로 추진할 문화정책들은? ___ 117

13 젊은 인재들 왜 수도권으로 떠나는가? ___ 125

14 부산이 동남권 중심지로서 왜 발전해야 하는지? ___ 129

15 "한번 해보자" ___ 133

16 한국의 지방자치에 대해서 ___ 139

17 지혜와 경륜의 정치판 사용법 ___ 143

18 '구민 밀착형 정책들'과 스킨십 ___ 147

❸ 뚝심과 열정의 인생

- 01 유년기와 청소년기 ___ 157
- 02 아버지에 대한 존경심 ___ 165
- 03 고교시절의 방황과 대학 입학 ___ 169
- 04 학비를 벌기 위해 시작한 사설학원 강사 ___ 173
- 05 대동학원의 운영과 성공 ___ 177
- 06 긍정적 사고와 낙관적인 전망 ___ 181
- 07 자양분이 된 다양한 지역 봉사활동 ___ 187
- 08 사교육의 순기능을 널리 알리다 ___ 193
- 09 송긍복, 비장한 각오로 출사표를 던지다 ___ 197

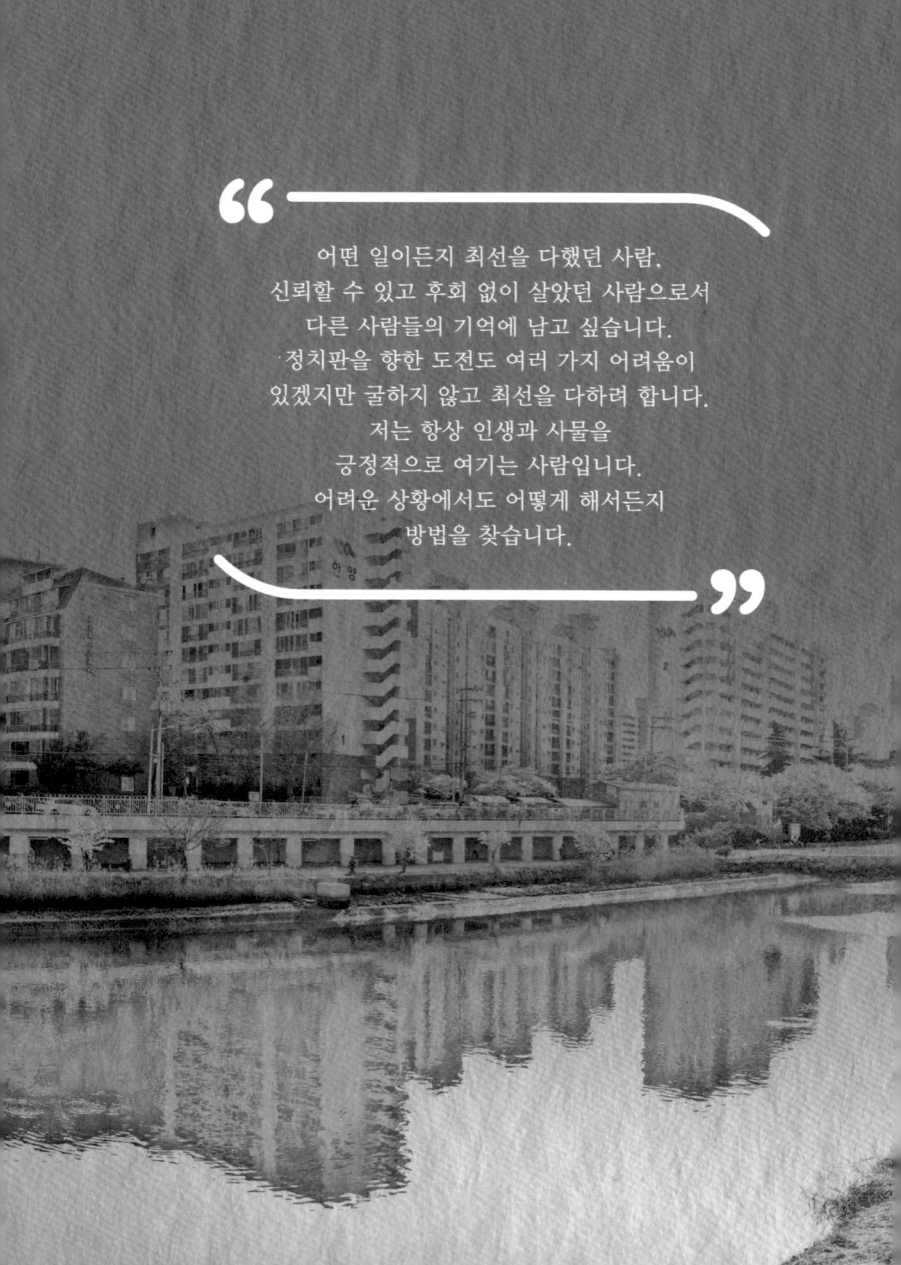

> 어떤 일이든지 최선을 다했던 사람.
> 신뢰할 수 있고 후회 없이 살았던 사람으로서
> 다른 사람들의 기억에 남고 싶습니다.
> 정치판을 향한 도전도 여러 가지 어려움이
> 있겠지만 굴하지 않고 최선을 다하려 합니다.
> 저는 항상 인생과 사물을
> 긍정적으로 여기는 사람입니다.
> 어려운 상황에서도 어떻게 해서든지
> 방법을 찾습니다.

1
송긍복의 인생 가치와 철학

> 학생들에게 '실패는 위대한 스승'이란 말을 자주 해줍니다. 실패란 경험에 비해 더 소중한 것은 없습니다. 실패는 새로운 성공을 위한 조물주의 계시입니다.
> '실패는 성공의 어머니'란 말을 그래서 있는 가 봅니다.
> 또한 '성공은 실패의 어머니'일 수도 있습니다. 잠깐 성공했다고 해서 게을러지고 방심하면 실패는 단 번에 찾아옵니다.

◆◆ 01 ◆◆
실패를 두려워 말자

  오색영롱한 무지개를 보려면 구름이 먼저 끼어야 합니다. 또 비도 와야 합니다. 구름이 걷힐 때 찬란한 무지개가 비로소 나타납니다. 아름다운 무지개는 구름과 비 같은 시련을 극복한 후에야 비로소 제 모습을 보입니다. 이렇듯 시련과 실패라는 비싼 비용을 지불해야 영광의 순간을 맛볼 수 있는 법입니다.

  저는 다음 시 구절을 시간이 날 때면 되새깁니다.

>만약 그대가 요리를 망쳤다면 나중엔 훌륭한 요리사가 될 것입니다.
>만약 국내대학 입시에서 떨어졌다면 나중에는 하버드 대학의 교수가 될 것입니다.

만약 글쓰기 상을 받지 못했다면 나중에는 훌륭한 글 솜씨를 뽐어낼 것입니다.

이렇게 많은 실패와 성공은 바로 그대의 아름다운 신기한 꿈입니다.

실패했다고 슬퍼하면서 포기한다면 그 꿈은 영원히 사라질 것입니다.

슬픔이 있으면 기쁨이 있고, 해가 지면 다시 뜨고, 헤어지면 재회하며, 그치면 이어지는 게 자연의 법칙이자 인생의 법칙입니다.

저는 학생들, 특히 대학입시에 실패한 학생들을 많이 접합니다. 늘 낙관적인 전망을 하고 쾌활하게 생활하는 학생들이 결국 좋은 대학 진학에 성공하는 것을 많이 지켜봤습니다. 그 학생들도 처음에는 많이 좌절하고 힘이 들었을 것입니다. 그런데 그 순간을 이겨내고 재도전하는 젊음의 특권을 발휘해 결국 어려움을 극복했습니다.

실패를 두려워하지 않는 것, 그것은 저의 생활철학입니다. 설령 어떤 일을 추진하다가 잘못되어도, 실패했다고 생각하지 않습니다. 단지 성공하는 방법을 아직 못 찾았을 뿐입니다. 우리는 실수를 했기에 그 일에 더 많은 관심을 가지며 똑같은 실수를 반복하지 않습니다. 실패가 예상치 못한 순간에 찾아왔듯이, 성공도 우리가 예상치 못할 때 찾아온다는 것을 믿습니다.

 '실패는 위대한 스승'입니다. 실패란 구체적인 경험에 비해서 더 소중한 것은 없습니다. 실패는 새로운 성공을 위한 조물주의 계시입니다. 경험에는 간접경험과 직접경험이 있습니다. 실패는 직접적인 경험에 해당하겠죠. 지난 실패를 반추하면서 잘못했던 관행과 습관들은 과감히 버리면 됩니다. '실패는 성공의 어머니'란 말을 그래서 있는 가 봅니다. 또한 '성공은 실패의 어머니'일 수도 있습니다. 잠깐 성공했다고 해서 게을러지고 방심하면 실패는 단번에 다시 찾아옵니다.

 그런데 실패를 계속 해도, 별다른 발전이 없고 무감각해진 곳이 우리의 정치판입니다. 국민들에게 실망을 계속 주는데도 상황이 안 바뀐다는 것입니다. 이는 정치권이 실패를 반면교사로 삼지 않고 똑같은 실수를 반복해서입니다. 똑같은 실패를 반복하지 않는 미래지향적인 정치를 소망합니다. 뚝심을 가지고 좌절하지 않을 때, 우리는 성공을 맛볼 수 있습니다.

그 다음으로 저는 성실(誠實)함을 인생의 가치관으로 삼았습니다. 이 단어는 너무 평범한 데도 많은 사람들은 이를 행동으로 실천하지 못하고 있습니다. 성실이야말로 '내로남불'이 아닌 언행일치의 밑바탕이 된다는 것을 깨우쳤습니다. 또한 진정성의 뿌리가 돼 다른 사람들로부터 신뢰감을 얻을 수 있습니다.

> '부지런한 사람은 방법을 찾고, 게으른 사람은 핑계를 찾는다'는 말이 있습니다.
> 최근 뇌 과학은 '우리에게 불가능은 없다'는 것을 밝히고 있습니다.
> 우리 두뇌는 약 1천억 개의 뉴런(신경연결망)이 있습니다. 또 각 뉴런들은 1천개 정도의 다른 뉴런들과 연결돼 그 경우의 수가 실로 엄청납니다.

02
'최상을 위하여 최선을 다하자'

 10여 년 전 쯤 인가요? 당시 교육관청에서 연락이 왔습니다. 전국 14개 학원총연합회 지회 가운데 부산시 지회가 많은 부채를 안고 있고 각종 송사(訟事)로 인해 사고지부로 낙인찍혀 있으니 직무대행을 조금 맡아달란 요청이었습니다.
 저는 그것을 수락했고 2011년 연이은 선거를 통해 회장을 연임했습니다. 회장직을 맡는 동안 끊임없는 소통으로 조직 구성원들을 아우르고 사교육 위상을 높이는 데 매진했습니다. 그 결과, 사고 지부를 정상의 조직으로 끌어 올려놓는 데 성공해 주위로부터 좋은 평판을 받았습니다.
 또 조직 위상과 발언권 강화를 위해 제가 할 수 있는 역량을 쏟아 부었습니다. 갖가지 작은 행사에도 부산 지역 주요 기관장과 경제계 인사들을 초청해 유대 관계를 강화하면서 그들에게 사심 없이 봉사한다는 인상을 심어주었습니다. 그 후로는 학원총연합회와 '공교육의 보완재'로서의 사교육에 대한 인식이 한층 더 높아진 것을 실감할 수 있었습니다. 당시 저는 '할 수 있다'란 낙관적인 신념과 끈질긴 노력으로 많은 일들을 추진했습니다.

어떤 일이든지 최선을 다했던 사람, 신뢰할 수 있고 후회 없이 살았던 사람으로서 다른 사람들의 기억에 남고 싶습니다. 정치판을 향한 도전도 여러 가지 어려움이 있겠지만 굴하지 않고 최선을 다하려 합니다. 저는 항상 인생과 사물을 긍정적으로 여기는 사람입니다. 어려운 상황에서도 어떻게든지 방법을 찾습니다.

'부지런한 사람은 방법을 찾고, 게으른 사람은 핑계를 찾는다'는 말이 있습니다. 최근 뇌 과학은 '우리에게 불가능은 없다'는 것을 과학적으로 밝히고 있습니다. 우리 두뇌는 약 1천억 개의 뉴런(신경연결망)이 있다고 합니다. 또 각각의 뉴런들은 1천개 정도의 다른 뉴런들과 연결돼 그 경우의 수가 실로 엄청나서 어떤 숫자로도 표현하기 어렵다고 합니다. 우리가 소위 천재로 일컫는 사람은 그 경우의 수들을 정열적으로, 적절하게 연결해 그 방면에서 성공을 이룬 자들입니다.

이 같은 인간의 신기한 뇌 능력 덕분에 인간은 복잡한 생각을 하며, 멋진 상상을 하며, 치밀한 계획을 세우기도 합니다. 이것이 바로 다른 동물들과의 결정적 차이며 인간이 지상에서 우세한 종으로 진화한 이유라고 합니다. 자꾸 연결하고 시도하지 않으면, 뉴런들은 결국 무용지물이 돼 한평생 살면서 단 한 번도 사용하지 않는 뉴런들의 수가 부지기수입니다.

즉, 포기하지 않고 최선을 다해 뭔가를 시도하는 것이야말로 뉴런들을 자극하며 뇌에 영양소를 공급해 결국에는 최상의 꿈을 이룰 수 있습니다. 포기하지 않고 가능성을 믿는 힘, 최선을 다하는 태도와 낙관적인 전망, 이것이야말로 우리를 성공으로 이끌어 줄 수 있다고 저는 평소에 굳게 믿어 왔습니다.

우리는 매일 아침, 조물주로부터 시간의 계좌에 1천4백40분이란 시간을 받습니다. 이 시간들을 아무 생각 없이 허투루 낭비하면 결국 잔고는 텅텅 비어 신용불량자가 되고 말 것입니다. 인간에게 기적 같은 능력을 준 조물주는 그런 사람을 원하지 않습니다. 이러한 사실을 명심하면 매사에, 매 순간에 최선을 다하지 않을 수 없습니다. 저는 앞으로도 '최상을 위하여 최선을 다하자'란 슬로건을 평생 가슴에 새기며 생활할 것입니다.

> 회(會)하지 못하면, 의(議)하지 못하며
> 의하지 못하면, 결(決)하지 못하고
> 결하지 못하면, 행(行)하지 못한다.

··03··
처음부터 끝까지 책임지는 정치인

저는 늘 "대인은 의리를 중시하며 소인배는 이익을 중시한다"란 경구를 가슴에 지닌 채 살아왔습니다. 의리와 같은 연장 선 상에 있는 신뢰는 제 인생의 첫 번째 가치관입니다. 그 다음은 '끈질긴 소통'입니다.

학원 설립 당시에 강사분들께 했던 첫 일성 역시 '삼사일언(三思一言)이었습니다. '세 번 생각하고 한 번 말하기'는 생각 같이 쉽지가 않습니다.

평소에 한 약속은 꼭 지켜야 합니다. 외국인들이 한국에서 듣는 말 중에 가장 당황스러워하는 것은 "다음에 식사 한 번 하자."란 것이라고 합니다. 그런데 그 말을 사실로 알아 들었는데, "평생을 기다려도 식사 한 번 못했다"란 비아냥을 듣기도 합니다.

'사마난추(四馬難追, 한 번 내뱉은 말은 네 마리의 말로 달리는 마차로도 쫓아가기 어려움)'란 말이 있듯이, 약속을 지키지 않는 발언은 꼭 부메랑이 되어 자기에게로 안 좋게 돌아옵니다.

또 '끈질긴 소통' 또한 중요합니다. 소통이 성공하려면 우선 역지사지(易地思之)의 입장에서서 상대방의 입장이 되어 생각해보는 것입니다. "자기가 하기 싫은 일은 남에게도 시키지 말라."란 말이 있습니다. 이 말의 의미도 '상대방 입장이라면 어떨까?'를 생각하라는 의미겠죠. 그러면 공감력도 훨씬 높아집니다.

우리 정치는 이러한 과정이 생략돼 있습니다. 유체이탈 화법과 '내로남불'이 거리낌 없이 유행하고 있는 것도 역지사지를 하지 않는다는 데 있습니다. 앞 정권에서 개혁 의식을 가진 시민활동가들도 평소 신념을 그대로 지키지 못하는 것을 많이 지켜봤습니다. 기존 질서에 편입되니 정당을 바꾸기보다 본인이 먼저 바뀌었던 것이지요.

정치인들이 국민들을 역지사지한다면 그들의 슬픔과 기쁨에 진실로 공감하게 될 것입니다.

"본인에 대한 느낌은 실체며 타인에 대한 느낌은 그림자"란 말이 있습니다. 이 같이 소통의 과정은 워낙 어려워 삐꺽거리는 어긋남을 겪기도 합니다. 그런데 이런 지난한 과정을 거치지 않은 소통은 술자리 건배사와 같이 공허할 뿐입니다. 실속 없으며 실행력 또한 부족할 수밖에 없습니다. 일방적 강요가 아닌, 대화적 커뮤니케이션이 중요합니다.

 최근 정치권은 너나 할 것 없이 부쩍 소통이란 용어를 즐겨 사용합니다. 소통은 말 그대로 막히지 않고 잘 통함을 의미합니다. 과연 현재 한국 정치판이 잘 통하고 있을까요? 국민들 실제 어려움은 살피지 않고 '막연히 이럴 것이다'라는, 정치인들에게 유리하고 편리한 가상의 소통을 하고 있는 것은 아닌지요? '막연히 이러 이러할 것이다'란 탁상형 정치가 여전히 판을 칩니다. 국민 참여가 봉쇄된 상태에서 정치가 정치인들끼리 '권력 놀음화'되는 현상입니다.

 정치적인 활동 즉, 정치인들의 행위와 발언은 국민이라는 존재가 없다면 절대 수행될 수 없다는 사실을 잘 알고 있으면서도 말이죠. 정치인들은 그들 활동의 가장 근본인 국민들을 가끔씩 잊어버리고 사는 것 같습니다. 국민과의 소통이 매끄럽지 못해 우리 사회는 적지 않은 비용과 혼란을 치르고 있습니다.

지역 커뮤니티(community)와 커뮤니케이션(communication)이 같은 어원인 의미를 잘 살펴야 합니다. 그래서 커뮤니케이션은 공적(the public)인 성격을 분명히 가지고 있습니다. 그런데 정치인과 정당 가릴 것 없이, 개인의 사적인 이익을 사회 공적인 이익으로 위장하는 경우도 많이 있습니다. 공동체가 골고루 누려야 할 사회적 성과물이 일부 계층에 집중함으로써, 사회 곳곳에서 '위험한 빈틈'들을 볼 수 있습니다.

저는 "회(會)하지 못하면, 의(議)하지 못하며 의하지 못하면, 결(決)하지 못하고 결하지 못하면, 행(行)하지 못한다."라는 말을 새깁니다. 우선 만나서 의논한 후 결정하며 행동해야 한다는 것입니다. 저는 그러한 과정을 거쳐 결정된 것은 누가 뭐라고 해도 뚝심 있게 추진하는 스타일입니다.

'처음부터 끝까지 책임'을 지는 신뢰와 공감의 정치를 하려 합니다. '강남에 비해서도 더 잘 사는 동래'를 실현하고 싶습니다. 구성원들이 서로 신뢰하며 소통하면 그것은 절대 어려운 일은 아닙니다.

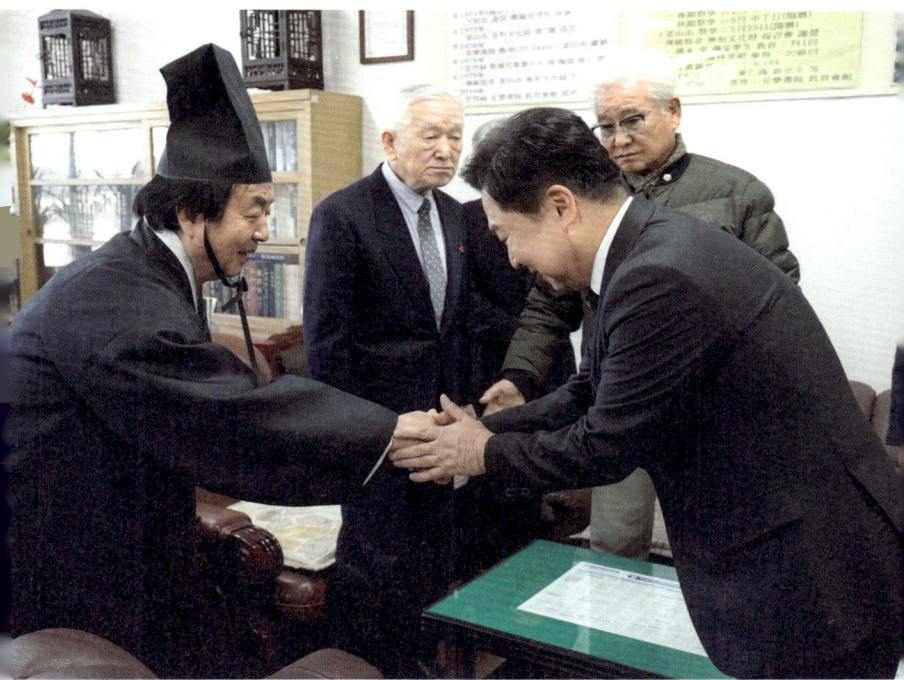

안락서원을 방문하며

> 정치는 사물의 이름을 정확하게 쓰는 것이다. 다시 말하면, 검은 것은 희다고 할 것이 아니라, 검다고 해야 하고, 악은 선이 아니라 악이라고 칭해야 한다.
>
> — 공자

04
"악은 선이 아니라, 악이라고 칭해야 한다"

현재 한국사회에서 가장 큰 문제는 신뢰 상실입니다. 정글의 법칙이 지배하는 곳에서 남을 속여서 자기 이익을 챙기는 현상들을 많이 볼 수 있습니다. 구성원들 간에 불신감이 팽배해 있습니다. 이러한 현상에 정치도 한몫을 거들고 있습니다. '올바른 것을 올바르다고 하지 못하고 나쁜 것을 좋다'고 아부하는 관행들입니다.

공자 '논어' '정언' 편에 제자가 공자에게 "정치의 요체가 무엇입니까"라고 물은 데 대해 공자는 "사물 이름(명칭 또는 명분)을 정확하게 쓰는 것이다'라고 대답했습니다.
"검은 것은 희다고 할 것이 아니라, 검다고 해야 하며 악은 선이 아니라, 악이라고 칭해야 한다"라고 강조했습니다.

명확한 가치관과 줏대를 가지고 자기 소신을 당당하게 말할 수 있는 풍토가 조성돼야 합니다. 이는 국가 대통령과 정치인들 모두에게 해당합니다.

　저는 그런 차원에서 미국의 존 에프 케네디 대통령을 참으로 존경합니다. 어릴 적부터 청소년기에 이르기까지 그에 관한 책들을 거의 다 읽었을 정도입니다. 소련의 쿠바 미사일 기지 건설과 관련한 핵전쟁 위기 당시, 정의감과 애국심, 그리고 과감한 결단력으로 인류에게 다가올 재앙을 막았던 장본인입니다. 그 결과 저는 로버트 케네디, 에드워드 케네디 같은 케네디 일가를 전부 좋아하게 됐습니다. 아주 어렸을 적인데도 그의 리더십을 존경한 것이지요.

　노무현 전 대통령님 역시 존경하는 인물입니다. 그의 가장 큰 업적은 권위주의 타파였습니다. 또 국익을 우선시해 당시 재야세력과 운동권의 반대 사안이었던 한미 FTA 협정을 이끌어내기도 했습니다.

　또 공자 '논어'에 있는 정의, 인(仁), 도덕, 윤리에 관한 내용들도 좋아해 수시로 음미하며 실천하려 노력하고 있습니다. 국가를 위해서 한 개인의 목숨을 중요하게 생각하지 않았던 안중근 의사의 정의감과 꿋꿋한 소신들을 존경합니다.

특히 안중근 의사의 '견위수명(見危授命), 국가가 위태로우면 목숨까지 바친다'란 말도 지금까지 간직하고 있습니다.

충렬사에서의 헌화

> 이상주의자들이 너무 높은 곳에 있는 게 아닌, 그대가 너무 낮은 곳에 있는 것... 그들이 구름 속을 떠다니는 것 같이 느껴지는 이유는 그대가 지하에 웅크리고 있어서다
>
> – 체르니 셰프스키

05
더 높은 꿈을 가지자!

 꿈이란 이뤄지지 않은 상태로 남아 있는 것을 말합니다. 이뤄진 것은 이미 현실이지 꿈이 아닙니다. 저는 늘 꿈과 이상을 높게, 멋지게 가지려고 노력했습니다. 그러면 최소한 전 단계까지 실현한 것은 성취할 수 있습니다. 화살 시위를 당길 때 눈앞의 과녁을 목표로 삼으면, 과녁은 맞힐 수는 있을지언정 더 이상 날아갈 수 없습니다. 높은 곳에 있는 태양을 향해 목표를 정하는 것이지요.

 조금 무리를 해도 더 큰 꿈을 가지려고 노력했습니다. '무리한 것, 그것이 바로 정도(無理之之理)'입니다.

 시간은 인생을 구성하는 재료입니다. 주어진 시간과 주어진 기회를 최대한 충실하며 값지게 활용하는 게 제 인생의 방향입니다. 야구 경기에서 9회 동안 어느 팀이든 2~3번의 결정적인 기회가 찾아옵니다. 그 기회를 잘 살린 팀은 승리를 합니다. 인생도 이와 비슷합니다. 그 기회들이 찾아올 때, 이를 잘 포착해 단 한 순간도 낭비해서는 안 됩니다. 이는 특히 앞으로 살아야 할 날들이 더 많은 젊은 층이 귀담아 들어야 할 것입니다.

 사실 기성세대는 젊은 세대들에게 많은 빚을 지고 있습니다. 지상에서의 유한한 자원을 이미 선점한 기성세대들은 남은 잉여 자원으로 힘겹게 살아야 하는 젊은 세대들에게 빚을 졌다는 뜻입니다. 그래서 기성세대들은 힘을 합쳐서 젊은 층이 미래의 희망을 가질 수 있게 특단의 대책을 내놓아야 할 것입니다.
 요즘 젊은 세대들의 결혼 회피 현상도 그 같은 연장선상에 놓여있다고 봐야 합니다. 그에 따른 인구 절벽 현상도 대한민국의 심각한 현안 가운데 한가지입니다. 이런 현상이 지속돼서는 미래 대한민국의 꿈을 가질 수가 없습니다. 젊은 세대들이 아무런 걱정 없이 결혼할 수 있는 기반을 제공하지 못한 기성세대들이 책임져야 할 부분입니다.
 가파른 집값 상승과 취약한 사회복지제도 및 아동보육 시설, 여성에게 있어 경력 단절은 청년층이 결혼을 망설

이게 하는 주된 요인입니다.

 우리 정치권이 결혼 회피와 인구 절벽 현상에 관한 본질적 대책은 내놓지 않고 정치 논리로 임시 처방을 되풀이하는 게 안타깝습니다. 또한 사태 심각성도 제대로 인지하지 못하는 것 같아 더 위태롭게 느껴집니다.

 정치인들과 우리 사회는 가진 역량을 총동원해 이 국가적 위기를 해결해야 할 것입니다. 사회안전망과 사회복지 시스템을 튼튼하게 갖추며, 직장 돌봄 시설 확충, 국공립 유치원 확대, 지방 발전과 같이 다각도로 접근해야 합니다. 저는 국회의원이 되면, 교육자로서의 경험을 바탕으로 젊은 층과 적극 소통하며 그들의 미래 청사진을 함께 그릴 자세가 돼 있습니다. 특히 인구 절벽에 대해서 사회적 제도를 튼실하게 갖추는 것과 동시에 청년들과 토론하면서 국가적 위기 상황을 함께 해결하려 합니다. 기성세대는 '꼰대'가 아니라, 그들과 함께 지상을 동행하는 친구들입니다.

 또 젊은 세대들에게는 미래를 과도하게 두려워하지 않고 "자신 있게 살아라"란 말을 해주고 싶습니다. 물론 버거운 시대를 물려 준 기성세대들의 책임 또한 큽니다.

그럼더라도 괜히 위축돼 은둔형 외톨이가 돼 고립을 스스로 자초하는 것은 어리석은 일입니다.

'인간은 사회적 동물'입니다. 이 말에는 인간은 서로가 연결돼 있지 않으면 생존하기도 어려울뿐더러 자아 성취와 자존감조차도 느끼기 어렵다는 뜻도 담겨져 있습니다. 인간은 상호 간의 커뮤니케이션을 피할 수 없습니다. 사회적 활동 역시 타인과 공동체가 없다면 수행하기가 어렵습니다. 예를 들어 사람이 없는 무인도에서의 자유라는 말은 성립하기가 어렵습니다. 무인도에서는 성취감 역시 누리기 어려울 것입니다.

저는 가슴을 열어 제치면 누군가가 꼭 다가온다는 것을 체득했습니다. 당장의 어려움에 집착하여 미래에 찾아올 기쁨과 행복을 미처 생각하지 못하는 것은 단견지명입니다. 국가적 위기를 해결하는 지혜는 서로가 가슴을 열어 제친 채, 함께 머리를 맞대는 데서 비롯합니다.

" 많은 군중 속에서도 내 가족은 금방 찾고 시장 한복판에서도 내 아이의 목소리는 귀에 꽂힙니다. 주파수를 맞춘 관심은 가려내어 들을 수 있고 도려내어 볼 수도 있습니다. 철새 정치인들은 '내 가족'이 아니라서 그들의 목소리는 제대로 알아들을 수도 없으며 지역 주파수가 맞지 않아 정책들이 항상 겉돕니다.
우리는 그것을 '헛소리'로 부릅니다. "

⋅⋅ 06 ⋅⋅
미래 정치, 이렇게 됐으면 좋겠습니다…

 정치(政治)의 政은 바를 정(正)과 회초리로 내리칠 복이 합해진 단어입니다. 즉, 정치란 것은 회초리로 내리쳐 부정을 바로잡는 사회적 행위입니다.

 그런데 회초리를 들려면 당사자의 몸가짐이 바르고 덕(德)이 따라야 합니다. '위정이덕(爲政以德, 덕으로써 정치 하기)'을 명심해야 합니다.

 일부 정치인들에게 묻고 싶습니다. 사회의 부정을 호되게 내리칠 덕의 회초리를 가질 정도로 당당한 자격이 있는지요? 의정 활동을 성실히 수행하며 공공선의 실현을 위해 최선을 다하고 있는지 말이지요?

 최근의 '내로남불' 사태들에서 알 수 있듯이, 자격이 없는 정치인들의 말과 행동은 공기가 빠진 풍선같이 곧장 허공으로 사라집니다. 일반 국민들은 그들 언행을 공허하게 느끼며 신뢰하지 않습니다. '민무신불립(民無信不立, 국민이 신뢰하지 않으면 정치는 성립할 수 없다)'는 경구를 뼈저리게 새겨야 할 것입니다.

무릇 정치인은 우선 자기 몸가짐을 올바르게 가져야 합니다. 그것을 바탕으로 올바른 정치를 실현해야 할 것입니다. "다 관행인데…." 하는 순간 국민들은 정치에 거리를 둡니다. 이런 인식이 사실은 더 위험합니다. 정치인들이 자기가 잘못한 것도 모르고 정치권 관행에 거부감을 갖지 않는다는 것이지요. 그들은 그들의 정신과 몸에 침입한 이물질을 알면서도 눈 감아 버린 채, 그냥 넘겨버립니다.

비유를 들자면, 어떤 세관원이 국경을 통과하는 한 트럭이 밀수품 운반 트럭이란 정보를 들었습니다. 물품들을 아무리 꼼꼼하게 살펴봐도 이상이 없어 매번 그냥 통과시킵니다. 그는 은퇴 후에야 트럭 운전자에게 물어보았습니다. 그 때, 트럭 운전자가 "나는 트럭 자체를 밀수했습니다."란 말에 아연실색했다는 에피소드가 생각납니다.

우리 일부 정치인들도 그 세관원을 닮은 것은 아닌지요? 정치인들이 진정으로 국민을 사랑하는 정치를 배우며 실천하는 선순환 구조가 이뤄졌으면 합니다.

제가 가장 중요시하는 신뢰성과 진정성과 깨끗함을 무기로, '희망의 정치'를 향한 토대를 구축하고자 합니다.

둘째, 뜨내기 철새 정치인이 아닌, 지역에서 뿌리를 내리며 진정으로 지역을 사랑하는 정치인들이 나와야 합니다. 선거 때가 되면 '있는 연고, 없는 연고'를 전부 끌어갔다 붙여 홍보용 전단을 도배합니다. 처음에는 그럴싸하게 선거 유세에서 현혹을 하는데, 나중에는 결국 국민들은 그들을 이물질 같은 존재로 느끼는 이유는 왜 그럴까요? 그들로부터 진정성을 발견하기가 어려워서입니다. 지역 사정을 잘 모르고 실천성과 현실성이 없는 허구적 정책과 이데올로기들의 남발로 국민들을 오히려 더 혼란스럽게 할 뿐입니다.

많은 군중 속에서도 내 가족은 금방 찾고 시장 한복판에서도 내 아이의 목소리는 귀에 꽂힙니다. 주파수를 맞춘 관심은 가려내어 들을 수 있고 도려내어 볼 수도 있습니다. 철새 정치인들은 '내 가족'이 아니라서 그들의 목소리는 제대로 알아들을 수도 없으며 지역 주파수가 맞지 않아 정책들이 항상 겉돕니다. 우리는 그것을 '헛소리'로 부릅니다.

저는 30여 년 이상을 동래에 정착하면서 지역 구민들과 평소에 많은 대화를 주고받습니다. 그들의 사소한 눈짓과 표정 하나로도 심중을 읽을 수 있습니다. 그들의 어려움을 체득하고 있을 때 공감이 시작하며, 그 공감이 시작되는 곳에서 서민 친화적 정책들은 생산됩니다.

 외부 관찰자가 아닌, 조직의 진정한 구성원이 되어 함께 기쁨과 행복, 슬픔과 좌절을 공유할 수 있어야 합니다. 국민들은 각자 삶의 전문가들입니다. 따라서 진정한 전문가는 공동체 안에 존재합니다. 멀리 찾을 필요도 없이 우리 정치사에서 철새 정치인들의 실패 사례는 매우 흔하게 찾아볼 수 있습니다. 저는 지역의 지킴이로서, 지역발전 해결사로서 맡은 바 임무를 열정을 다 해 수행할 자신이 있습니다.

 셋째, 국민들을 위한 생활 입법 활동에 전념하자는 것입니다. 중국의 한비자는 "순임금의 수명에는 끝이 있고, 세상의 허물은 끝이 없다. 끝이 있는 것으로 끝이 없는 것을 물리치려니 그치는 것이 적을 수밖에 없다. 상으로 장려하고 벌로 억누르려 하지 않는다면, 요와 순이 집집을 찾아다니며 사람들을 설득해도 세 집을 채 다스리지 못할 것이다"라고 했습니다. 즉, 훌륭한 제도와 법률을 갖추고 있으면 아무리 정권이 바뀌어도 그 근간은 절대 변하지 않는다는 뜻입니다. 좋은 제도와 법률 제정은 국회의원이 해야 할 가장 기초적인 일입니다.

국민들을 위한 생계 입법, 안전 입법, 범죄 예방 입법들이 산적해 있는데도, 처리되지 못하고 있는 실정입니다. 국회의원들이 다른 곳에 관심을 가지지 말고 본연의 임무인 입법 활동에 최선을 다하는 모습을 보고 싶습니다. 진정으로 국민에게 이로운 법과 제도를 정해 놓고, 상과 벌이 제대로 시행되는지 감시 감독하는 게 국회의원의 진정한 역할이란 것을 다시 한번 더 강조합니다.

넷째, 시대적 변화에 따른 유연성을 가지자는 것입니다. 청년 정치인들의 정치 진출을 적극 확대시키며 비전과 상상력이 넘친 정치를 합시다. 적과 아군을 구분해 놓는 이분법적인 정치는 분열을 초래할 뿐이며, 대한민국 정치 발전에 아무런 도움이 되지 않습니다. '상생의 정치'가 그 해답입니다.

효율성을 강조하는 20세기가 '어떻게'를 지향하는 '목적 추구형'이었다면, 미래형 담론은 '왜, 무엇을 위해?'를 모색하는 '목적 발견형'의 패러다임입니다. 즉, how(어떻게)가 아닌, 왜(why)라는 물음 역시 중요해졌다는 의미입니다. '왜?'란 물음은 늘 국민들을 헤아리는 것이어야 합니다. '무조건 나를 따를 것'이 아닌, 함께 공동의 목표를 발견하며 전진하는 과정입니다. 또 목적 발견형 입법 과정은 미래의 꿈과 상상력을 중요시함으로써, 옛날에 존재하지 않았던 혁신을 설계하는 것입니다.

저는 분열과 대립을 넘어 유연한 상상력으로 서로 토론하고 타협하며 결론을 내는 새로운 정치지형도를 늘 머릿속에 그립니다. '정-반-합'(正-反-合)의 정치 지형, 의견을 내놓으면 반대 의견도 듣고 토론을 거치면서 합의를 이뤄내는 신명 있는 정치를 그려봅니다. 보수(保守)도 보수(補修)하고, 진보(進步)도 진보(進步)해야 정치판이 한층 업그레이드가 된다고 믿습니다.

다섯째, 청년들과의 진정한 소통을 이뤄내야 합니다. 청년들은 미래의 주인공들입니다. 정치인들은 청년들을 정치적 목적을 이루기 위한 방편으로 취급하는 경향이 있습니다. 흡사 그들을 외계인 취급하며 "그들을 잘 알아야 한다"는 이야기를 곧잘 합니다. 그러면 감성적이며 상상력이 풍부한 청년들과의 소통은 실패로 끝나기 일쑤입니다. 젊음을 선거 구색용으로 취급하니, 청년들로서는 진정성을 느끼기 어렵습니다. 청년들에게 자연스럽게 스며들어 있지 않고 기성 정치인들의 주장과 취향을 강요하면 당연히 청년들을 거부감을 가집니다.

 수직적 의사 결정이 아닌, 청년들이 진정으로 원하는 것을 들어주고 그것을 채워줄 때 청년들과의 대화와 소통은 시작합니다. 청년들을 성별로 구분하지 않고, 그들의 목소리를 들으면서 함께 정책적인 대안을 내놓을 때 우리 정치는 한층 더 성장할 것입니다.

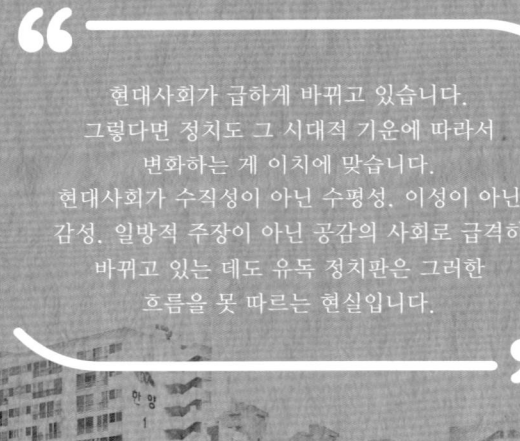

> "현대사회가 급하게 바뀌고 있습니다.
> 그렇다면 정치도 그 시대적 기운에 따라서
> 변화하는 게 이치에 맞습니다.
> 현대사회가 수직성이 아닌 수평성. 이성이 아닌
> 감성. 일방적 주장이 아닌 공감의 사회로 급격히
> 바뀌고 있는 데도 유독 정치판은 그러한
> 흐름을 못 따르는 현실입니다."

2

살아 꿈틀거리는
생활정치를 향한 꿈

> 세심함이란 결국 다양한 의견들을 듣고 공감한다는 뜻이며, 구민들에게 실제적이며 구체적인 도움을 주는 것입니다. 구민들이 울 때 함께 울며, 구민들이 웃을 때 함께 웃는 공감의 정치를 하겠습니다.

✧✧ 01 ✧✧
'이카로스의 추락'과 생활정치

 제가 개인적으로 좋아하는 벨기에 화가 브뤼겔이 그린 '이카로스의 추락'이란 작품이 있습니다. 제목을 보지 않고, 작품을 먼저 보게 되면 화가가 무엇을 표현하려 했는지 짐작하기가 참으로 난감합니다. 작품 한 쪽 모서리를 유심히 살펴봐야 물속에서 허우적거리는 누군가의 다리를 겨우 볼 수 있을 뿐입니다. 그 허우적대는 다리의 주인공은 다름 아닌 그리스 신화 속 주인공 이카로스였습니다. 이카로스가 하늘에서 떨어진 천하의 대사건이 벌어졌는데도 거기에 관심을 기울이는 사람들은 아무도 없습니다. 농부들은 무슨 일이 일어났느냐는 듯, 태연하게 밭을 갈고 있을 뿐입니다.

 한국의 정치권에서도 어떤 사건이 벌어지더라도 해당 당사자, 즉 국민들만 버거울 뿐, 정치권은 무관심하다는 의미입니다. 정치권이 정쟁에 매달려서 '민생'에는 그다지 관심 없는 현상이 반복 또 반복되고 있습니다. 참으로 안타까운 일이 아닐 수 없습니다.

국민들은 생존의 험난한 정글에서 생활고에 허덕이는데도 정치인들은 아무런 관심을 보이지 않습니다. 저는 국민들 피부에 와 닿는 정치, 국민들 아픔을 진정으로 헤아리는 정치, 국민들과 공감하는 정치가 바로 국민들을 위한 생활정치라고 생각합니다.

현대사회가 급하게 바뀌고 있습니다. 그렇다면 정치도 그 시대적 기운에 따라서 변화하는 게 이치에 맞습니다. 현대사회가 수직성이 아닌 수평성, 이성이 아닌 감성, 일방적 주장이 아닌 공감의 사회로 급격히 바뀌고 있는 데도 유독 정치판은 그러한 흐름을 못 따르는 현실입니다. 젊은 정치인들까지도 정치판에 들어오기만 하면 그 전에 가졌던 열정이 오간데 없이 사라져버리는 현실이 반복되고 있습니다.

저는 "왜 그럴까?" 늘 궁금해 하며 고민해왔습니다. 이러한 현상은 자기 안위와 정쟁에 매달려 국민들 생활 현장 목소리를 구석구석 듣지 않았다는 의미와 동일합니다. 따라서 저는 '다품종 소량화'가 아닌, '다품종 세밀화'

의 정치를 하고자 합니다. '다품종 세밀화'가 뜻하는 것은 사회 각 분야와 민생 현장을 두루 세심하게 살피는 정치를 이릅니다.

 인간은 큰 것보다 작은 것들로부터 오히려 감동을 받고 호의를 가지게 돼 있습니다. 국민들의 희망을 세심하게 살피며 함께 공감하는 것은 평생을 교육자로서 살아온 저의 커다란 장점 가운데 하나입니다. 세심함이란 결국 다양한 의견들을 듣고 공감한다는 뜻이며, 구민들에게 실제적이며 구체적인 도움을 주는 행위입니다.

 구민들이 울 때 함께 울며, 구민들이 웃을 때 함께 웃는 공감의 정치를 하겠습니다. 대한민국의 정체성인 자유민주주의와 시장경제라는 큰 틀 속에서 다양한 정책들을 세심하게, 꼼꼼하게 살피는 정치인이 되고자 합니다.

> 공동체 일에 전념해 함께 일을 하다가, 같이 양동이를 들다가, 남녀의 손이 맞닿게 되면 기대하게 되는 좋은 일, 그들의 손이 역사의 바퀴를 돌리며 맞닿기를 민중은 기대한다.
>
> — 브레히트 (극작가)

◆◆ 02 ◆◆
따뜻한 지역 공동체를 위하여

 세상의 험한 소용돌이 속에서 우리는 타인의 아픔을 외면한 채, 딱딱한 껍질을 두른 갑각류가 된 것은 아닐까요? 그 껍질은 홀로 평안을 누리기에 적합한 캡슐일지 모르지만, 외부와의 소통은 단절되는 공간일 것입니다. 또 그 평안은 타인을 향한 귀 막음과 눈가림에서 시작됩니다.

 기러기들이 '역-V'자 대형으로 날아가는 이유는 멋있게 보이기 위해서가 아니라고 합니다. 앞에 있는 새가 날개를 움직이면서 발생하는 공기 파동은 따라오는 동료 새들의 비행을 도와준다고 합니다. 선두에 있는 기러기가 지치면 다른 기러기가 또 다시 선두에 나선다고 합니다. '빨리 가려면 혼자 가도 된다. 그러나 멀리 가고 싶다면 함께 가야 한다'는 교훈을 기러기 떼의 이동에서 배우는 듯합니다.

 혼자서 황사 먼지를 피할 수는 없는 법입니다. 악한 이웃이 있으면 그 피해는 고스란히 자기에게로 돌아옵니다. 반대로 착한 이웃이 있으면 그 이익도 자기에게로 돌아옵니다. 공동체가 함께 행복해야 스스로도 행복해질 수 있는 법입니다. 진정한 소통, 즉 커뮤니케이션(communication)은 공동체(community) 개념을 원천적으로 내포하고 있습니다.

 한번 가난하면 영원히 가난하며 한번 부자는 영원한 부자가 되는 사회 현실입니다. 부모가 한번 올림픽 '금메달리스트'이면, 자녀들도 능력에 상관없이 '금메달리스트'가 되는 것입니다. 한국 사회에서 공평한 출발을 위한 유일한 통로였던 교육에 의한 계층 상승은 이제 그 기능을 상실했습니다. '개천에서 용 난다'는 신화는 찾기 어려워졌습니다.

 교차로에서 기득권층과 부유층이 서로 먼저 출발하려 하면 극심한 교통체증이 일어날 것은 뻔합니다. 희생의 교대는 일방적인 양보가 아니라, 공존하는 지혜임을 역사를 통해 배워왔습니다.

지난 서구 역사를 통해 사회적 결과물을 공유한다는 공동체적인 배려와 이해 부족으로 발생한 역사적인 사건들을 생생하게 기억합니다. 프랑스혁명과 각 국가에서 발생한 민중 봉기 같은 경우들이 그러한 예들입니다.

유목사회에서는 나눔은 본능적인 행동입니다. 못사는 사람이 있으면 전체의 부끄러움으로 여깁니다. 반면 현대 지식정보 사회에서는 노동을 하지 않아도 일확천금도 단숨에 거머쥘 수 있습니다. 이런 뜻밖의 횡재는 나눔의 생각도 결국 멀리하게 합니다. 장차 발행할지도 모를 우리 사회의 혼란을 방지하기 위해서라도 '나눔과 배분'의 정책들을 다양하게 입법화시키겠습니다.

또 많은 시민들이 아파트와 공동주택에 거주하는 만큼 '따뜻한 공동주택 공동체'를 위해 제안합니다. 첫째, 구청과 협의해 '아파트(공동주택)공동체 지원단'을 설립해 재건축과 재개발 과정에서 대립을 빚고 있는 중재 기능을 맡기는 한편 기존 아파트공동체도 활성화시키는 방안입니다.

예를 들면, #아파트 독서실(사용 회원들 대상으로 회비 거둬 관리인에게 일정 수당 지급. 일반 독서실과는 다르게 안전하며 가족 같은 분위기), #아파트 텃밭 가꾸기(지역 식당과 직거래), #아파트 관리 협동조합(대기업 용역 아닌 인근 마을 주민 위주 채용), #아파트

육아 도우미 프로그램(중노년 여성들과 직장 다니는 젊은 주부들 연결해 신세대와 노인세대 간의 조화를 이루는 방안), #아파트 예술 공연(입주민들 재능 및 공연단체 활용) 같은 사업들을 펼칠 수 있습니다. 기존 아파트부녀회 및 입주자 대표회의를 활용해 살맛이 생기는 아파트와 공동주택 공동체를 적극 지원하는 정책입니다. 국회의원으로서 구청장 및 아파트입주자 대표단과 협의를 거쳐 인간미 넘치는 공동주택 활성화 대책을 내놓겠습니다.

이웃들을 배려하고 돌보는 힘들이 모아진다면, 우리 사회가 따뜻한 인간미 넘치는 이상향이 될 것입니다. 법정 스님은 생전에 이런 말을 했습니다. '봄이 와서 꽃이 피는 것이 아닌, 꽃이 피기 때문에 봄을 이루는 것'이라는 것입니다. 저는 정치를 하면서 국민들 내면의 꽃밭에 행복과 희망의 물을 촉촉이 적셔주는 그런 존재가 되고 싶습니다.

대한적십자사 부산지사에
2023년도 적십자 '희망나눔 국민성금' 전달
(사진_국제신문 2023.1.29)

> 우리나라 정치도 손흥민 축구 선수를 닮은
> 정치를 할 수는 없을까요?
> 열정적이며 페어플레이를 하는
> 진정성 있는 정치를 말이죠.
> 살아서 꿈틀거리며 서민들의 실생활에
> 조금이라도 도움이 되는
> 정치를 하고 싶습니다.

03
살아 꿈틀거리며 감동을 주는 정치

 현재 대한민국 정치는 국민들에게 감동을 주지 못합니다. 정치인이 어떻게 솔선수범해야 하는지, 어떤 사회를 만들어야 하는지 하는 근본적 문제에 대한 고민이 없습니다. 여당이든, 야당이든 이런 고민의 축적과 대안 없이 갑자기 이뤄진 단기적 권력 변동의 결과는 늘 허탈할 뿐입니다.

 정치가 일반국민들의 관심을 못 끌어 텔레비전에 정치 뉴스만 나오면 채널을 돌려 버리기 일쑤입니다. 그런데 영국 프리미어리그에서 맹활약을 펼치고 있는 손흥민 선수 경기를 시청하기 위해서라면, 이른 새벽에 일어나서라도 축구 경기를 봅니다. 그 이유는 무엇일까요? 축구 경기가 재미와 박진감과 페어플레이가 넘쳐 살아 꿈틀거리기 때문입니다. 우리나라 정치도 이를 닮을 수는 없을까요? 재미있고 살아서 꿈틀거리며 서민들의 실생활에 조금이라도 도움이 되는 정치를 하고 싶습니다. 국민들이 신문과 텔레비전에 나오는 정치 뉴스를 기다릴 정도로 설레게 하는 정치를 한 번 펼치고 싶습니다.

저는 교육현장에서 정치, 경제, 사회, 국민윤리 과목을 오래 동안 가르친 교육자입니다. 자라는 청소년과 청년들, 후손들에게 부끄럽지 않는 정치를 하는 게 제 희망입니다. 민주주의는 다수결의 원리로 작동되지만, 소수의 의견도 존중하는 정치입니다. 그런데도 다수당이 힘을 내세워 상대방 의견을 무시하며 짓밟는 정치는 학생들과 후손들에게 모범이 될 수 없습니다.

민주주의는 대화-토론-설득-이해 과정을 거쳐 이끌어낸 합의를 최종적으로 집행하는 과정입니다. 무조건 힘을 내세워 '반대를 위한 반대'는 곤란할 것입니다.

저는 지금으로부터 약 20여 년 전 정치에 대한 꿈을 구체적으로 가졌습니다. 동래구에 대동학원을 운영하면서 자유총연맹 동래구지부 회장을 김대중 대통령 시절에 맡았습니다. 자유민주주의와 시장경제 정신의 함양을 위한 시민 교육을 펼치는 게 주요 사업이었습니다. 당시 동래구 관내 14개동을 순회하면서 자유총연맹의 정체성을 알리고 자유민주주의와 시장 경제의 중요성에 대한 교육 활동을 줄곧 펼쳐왔습니다. 지금 생각하면, 그 당시가 동래구민들과의 첫 스킨십이었습니다. 구민들을 대하면서 많은 보람도 느꼈고 그들의 진솔한 이야기를 들으면서 많은 공감도 했습니다. 그들이 무엇을 정치권에 기대하는지, 그들의 진솔한 희망이 무엇인지도 알았습니다. 그것은 지금까지도 저에게 큰 자산으로 남아 있습니다. 또 한나라당 중앙위원회 동래지역 회장을 맡으면서 정당에도 가입했습니다. 그런데 정당 조직이 민간 기업보다도 더 못한 것 같아 다소 실망도 했던 기억도 새롭습니다. 당시에 박관용 전 국회의장(당시 한나라당 동래구 의원)과 자주 만나면서 정치 이야기를 서로 주고받았고 그 이후에 정치에 본격적으로 관심을 가진 계기가 됐습니다.

박 전 의장 후임으로, 동래지역에서 한나라당 공천을 받을 것으로 기대를 했는데 의외의 인물에게 국회의원 후보가 낙점이 돼 결국 경선을 포기했습니다. 그 후에도 여러 차례 기회가 있었는데, 사정이 여의치 않아 생각을 돌렸습니다. 그런데 지금은 그 당시와는 상황이 많이 다릅니다. 주위의 여건이 크게 바뀐 것은 물론, 구민들이 저에게 매우 우호적이란 사실을 현장에서 확인할 수 있었습니다. 그 무엇보다도 중요한 것은 본인이 과거에 비해 한층 더 성숙해지고 소통하는 힘이 확장되었다는 사실입니다. 또한 개인적인 연륜과 경험을 기반으로 시야가 한 층 더 넓어졌습니다. 차츰 나이가 들면서 사람들에 대한 연민과 공감력이 향상된 것도 저의 장점입니다.

"
더 이상의 유출 인구를 막고
젊은 층을 중심으로 한 신규 인구 유입을
위해서는 가능한 방법들을 총동원해야 할
시점입니다.
우선 젊은이들이 편하게 정착할 수 있는
하드웨어와 소프트웨어 기반을 조성하는
게 긴요합니다.
"

04
인구 절벽 대책은 없는가?

대한민국 출산율 저조와 그에 따른 인구 절벽 현상은 사회적으로, 국가적으로 심각한 현안 중의 현안이 아닐 수 없습니다. 유치원 원생이 줄어들자 요양원으로 속속 바뀌고 있는 게 한국의 현실입니다. 외국에서도 한국의 인구 절벽 현상을 우려하고 있습니다.

출산율 저조의 가장 큰 원인은 먹고사는 어려움으로 인해 아이를 키우겠다는 자신이 없다는 것에서 비롯됩니다. 다른 지역과 비슷하게 동래구도 인구 감소현상을 보이고 있고 노령화가 급속도로 진행 중에 있습니다.

더 이상의 유출 인구를 막고 젊은 층을 중심으로 한 신규 인구 유입을 위해서는 가능한 방법들을 총동원해야 할 시점입니다.

우선 젊은이들이 편하게 정착할 수 있는 하드웨어와 소프트웨어 기반을 조성하는 게 긴요합니다. 그 다음으로 놀거리, 먹을거리, 즐길거리가 풍성한 동래를 조성하는 게 선결 조건입니다. 여기에 저의 정책적 역량과 입법 역량을 모을 작정입니다.

'출산지원금 대폭 확대', '난임 시술비 무료 지급', 부산학원연합회와 부산시가 현재 실시하는 '다자녀학비 지원사업 강화' 정책들을 고려하고 있습니다.

그런데 이러한 금전적 지원보다 더 중요한 것은 직장에서도 안전하게 아이를 돌볼 수 있는 여건입니다. '직장 내 아이 돌봄 시설' 설치가 더 시급하다고 판단합니다. 부모들은 직장에서 일하면서도 바로 곁에서 아이 상태를 확인할 수 있고 아이들 역시 정서적 안정을 느끼는 강점을 지닌 정책입니다. 이를 추진하는 기업들에게는 과감한 세금 혜택과 지원금을 주면서 이를 의무적으로 법제화하는 법안도 적극 추진할 것입니다.

또한 농협, 부산은행 같은 관내 금융기관들과 힘을 합쳐 '청년희망계좌'를 개설해 관내 창업 청년들에게 저리로 대출해주는 방안도 강구할 것입니다. 동시에 고금리를 적용해 희망의 미래를 준비할 수 있는 '결혼 미래 적금 통장'도 개설할 수 있습니다.

> 다양한 방면의 청년들이 당에 들어와 활력을 불어넣고 의사 결정 과정도 민주적일 때에 비로소 당내 민주화가 가능하다고 믿습니다. 공천 과정에서도 '청년가산점'을 더 높이고 의무적인 '청년할당제'를 제도화시켜야 할 것입니다.

✦✦ 05 ✦✦
화상(畫商) 볼라르와 청년 정치인 발굴

 청년들의 정치에 대한 관심이 높아지려면 정치가 우선 깨끗해야 합니다. 또한 기성정치인들이 미래 지향적인 비전을 보여줘야 할 것입니다. 최근 들은 소식에 따르면, 지난 '국민의힘 공천위원회' 구성 당시에 능력 있는 청년 2,3명이 참가했는데, 그들은 결국 허수아비에 불과했다는 불평과 체념이 많았다고 합니다.

 청년들 의식과는 다르게, 전체 의사결정구조가 하향식이었으며 미리 결정된 사안을 처리하는 '꼰대 식 의사결정'이 이뤄졌다는 것이죠.

 다양한 방면의 청년들이 당에 들어와 활력을 불어놓고 의사 결정 과정도 민주적일 때에 비로소 당내 민주화가 가능하다고 믿습니다. 공천 과정에서도 '청년가산점'을 더 높이고 의무적인 '청년할당제'를 제도화시켜야 할 것입니다.

 청년정치인들이 정치에 진입하기 위해서는 지역정치판에서도 시급하게 개선돼야 할 것들이 한 둘이 아닙니다. 기득권 세력들의 구태 의식과 '끼리끼리'의 카르텔 구조가 시급히 청산돼야 합니다. 국회의원-구청장-시군구의원 간에 이뤄지는 공천 먹이사슬 구조 역시 하루빨리 개선되지 않으면 청년들의 정치 참여와 정치 선진화는 요원할 수밖에 없습니다.

 기성정치인들은 신인정치인들에게 더 많은 기회를 주고 발굴하려는 노력을 게을리 하지 말아야 합니다. 유명한 화가 피카소의 성공도 그의 작품을 알아본 화상(畵商) 앙브루아즈 볼라르가 없었다면 힘들었을 것입니다.

 가장 성공한 화상 가운데 한 사람으로 평가받는 볼라르는 피카소가 1901년에 파리에 정착하자마자 바로 관심을 가졌습니다. 피카소를 비롯해 세잔과 마티스에게 첫 번째 개인전을 열어 줘 입체파 야수파가 시작됐습니다. 그런데 당시에는 대부분의 화상과 비평가들이 현대 아방가르드 미술이 펼치는 새로운 실험들을 인정해 주지 않던 시절이었습니다. 볼라르란 걸출한 선견지명을 가진 후원자와 조력자가 없었다면 그들은 계속 무명작가로 남아 있었겠죠. 많은 자원을 미리 선점한 기성세대들은 후배들에게 대한 배려와 너그러움을 잊지 말아야 할 것입니다.

나와 함께 늙어가자!
가장 좋을 때는 아직 오지 않았다
인생의 후반, 그것을 위해
인생의 앞부분이 존재하나니.

- 로버트 브라우닝, 시인

06
청년과 노인 간 세대 단절

노인층은 흔히 네 가지 시련을 겪는다고 합니다.

첫째 빈곤, 둘째 질병, 셋째 고독, 넷째 무위(아무 것도 하지 않는 상태)입니다.

언제부터인가 우리 주위에서 박스를 줍는 리어카 할머니, 전동차 안에 버려진 신문을 재빠르게 모으는 할아버지를 흔히 볼 수 있습니다. 신경질적인 자동차 경적 소리에도 할머니와 할아버지는 묵묵부답입니다. 그렇게 힘에 부쳐 며칠 모은 박스를 한 리어카를 채워 팔아봐야 얼마나 쳐줄까요?

삶에 지친 노인들이 속도의 거리로 나가 아직도 버거운 일을 감당하는 현실입니다. 젊은 세대들은 그 모습을 보며 미래에 대한 불안감을 가중시키고 있습니다. 이것이 바로 우리나라 사회 복지제도의 취약한 현실입니다.

우리가 생을 유지하는 것은 '사회'라는 간단한 단어에 숨어있는 현재와 과거의 수많은 사람들이 한 일과 성과 덕분입니다. 청년층이 노인층을 존경하고, 노인층은 청년층을 배려하는 정책에 많은 노력을 기울이겠습니다. 그렇게 해야 '따뜻한 공동체'가 성립됩니다.

개인적으로 제가 좋아하는 시 구절이 한편 있는데 그 시의 후반부는 이렇습니다. '나와 함께 늙어가자!/ 가장 좋을 때는 아직 오지 않았다/ 인생의 후반, 그것을 위해 / 인생의 앞부분이 존재하나니.'(로버트 브라우닝). '오동은 천년 늙어도 항상 가락을 지닌다(桐千年老恒藏曲)'라고 했습니다.

청년층은 청년층대로 은둔과 고립 생활을 하는 인구가 부쩍 늘고 있습니다. 말하자면 1인 가구 증가가 사회의 일반적인 현상이 되고 있다는 의미입니다. 단절은 단절을 가속화시켜 세대 간의 단절도 더 심해지는 양상입니다.

아이들은 유치원과 학교에서, 청소년과 청년들은 사이버 공간에서, 노인들은 양로원 및 요양원에서 각각 지내면서 서로가 공간적으로 아예 분리돼 있는 현실입니다. 이들이 자연스레 만나서 소통할 수 있는 공간과 제도적 장치 필요가 생각합니다. 예를 들면, 청년(1인 가구 및 싱글

맘)과 노인들이 함께 거주하는 시범 공동주택 단지를 조성하면 어떨까요?

노인들의 지혜와 재능(요리, 붓글씨, 악기 강습 등)을 청년들과 공유하면서 사회적인 단절에서 노인들을 벗어나게 해주는 효과가 있습니다. 외국 사례들도 많이 있습니다. 오스트리아 빈의 사회주택 프로젝트 '빈치라스트 미텐드린'은 학생들과 과거의 노숙 노인들이 함께 거주하는 공유 아파트입니다. 우리도 못할 게 없습니다.

'청년과 노인 공동 주거 타운'을 건립해 노인의 경륜과 젊은이의 패기가 자연스레 어울리는 공간 조성을 공약으로 내걸겠습니다. 현실 생활과 비교적 거리를 두는 노인과 청년층 간의 결합은 의외로 중장년층들에 비해 더 잘 소통된 수 있습니다. 노인은 청년들로부터 패기와 도전정신을 배우며 청년은 노인들로부터 그동안 쌓아 온 경륜과 지혜를 배울 수 있습니다.

노인정과 노인복지관 인근에 청년문화 공간을 조성해 자연스레 어울리는 방안도 있습니다. 또 '동래읍성 축제'에 동별로 '청년과 노인 소통 행사 프로그램'을 넣는 것도 생각할 수 있습니다. 또한 음식 나누기와 요리법은 유대감을 형성하는 데 좋은 방편이기도 합니다.

예를 들어 도시재생 사업에 있어서도 인근 전통시장과 연계해 '할머니 밥상' 프로그램과 '1인 가구 음식 요리법' 같은 공동체적 요리 강좌를 열어 자연스레 어울릴 수 있는 장치를 강구하겠습니다. 노인의 경륜과 청년층들 패기가 함께 어우러지는 지역, 동래구는 그야말로 살 맛 나는 지역이 될 것으로 확신합니다.

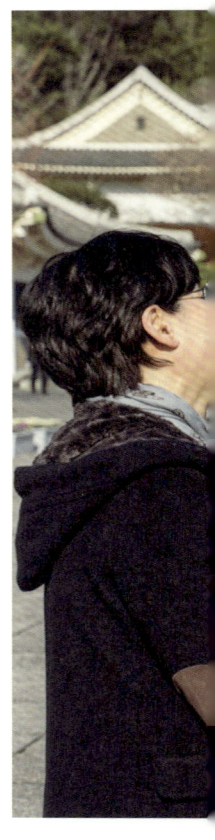

청년층이 노인층을 존경하고, 노인층은 청년층을 배려하는
정책에 많은 노력을 기울이겠습니다.

> 정치(히랍어 Politik)라는 용어는 '도시, 국가'란 뜻을 지닌 그리스어에서 유래됐습니다. 즉, 정치는 '공적이고 공동체적인 일' 자체를 뜻합니다. 국가가 제 할 일을 하는 게 정치입니다. 따라서 '정치적'이라는 말은 '공공의 이익, 공공복리에 합당하는'이라는 뜻을 가집니다. 그런데 '정치적'이란 말이 우리사회에서는 부정적인 느낌으로 사용되고 있습니다.

07
교과서를 닮은 정치를!

정치는 정자정야(政者正也, 정치는 바로 잡는 것)라고 했습니다. 교육 역시 바르게 성장하게 하는 행위입니다. 교육과 정치는 상당한 유사성을 가진다고 볼 수 있습니다. 정치가 바로 잡는 대상은 제도와 사람이며, 교육이 바로 잡는 대상은 순수하게 사람이란 차이일 뿐이죠. 정치인은 사회를 바로 잡는 역할을 해야 함에도, 오히려 정치인들이 바로 잡혀야 할 개혁의 대상이 돼버린 한심한 처지에 이르렀습니다.

정치(히랍어 Politik)라는 용어는 '도시, 국가'란 뜻을 지닌 그리스어에서 유래됐습니다. 즉, 정치는 '공적이고 공동체적인 일' 자체를 뜻합니다. 국가가 제 할 일을 하는 게 정치입니다. 따라서 '정치적'이라는 말은 '공공의 이익,

공공복리에 합당하는'이라는 뜻을 가집니다. 그런데 '정치적'이란 말이 우리사회에서는 부정적인 느낌으로 사용되고 있습니다. '정치적'이란 원래의 의미가 회복되면 저는 기꺼이 '정치적'인 사람이 될 것입니다.

플라톤과 아리스토텔레스는 정치를 윤리학 그 자체로 판단하고 정치는 시민의 착한 삶을 실현시키기 위하여 꼭 필요하다고 강조했습니다. 제가 학원에서 정치와 사회윤리 과목을 가르칠 때, 교과서와 상반되는 현실정치에 대해 학생들에게 어떻게 설명해야할지 몰라서 당황스러웠던 기억들이 많이 있습니다. 정치권과 기득권층의 '유체이탈 화법'과 '내로남불' 상황이 회자되고 있습니다. 제가 교단에서 가르쳤던 정치의 윤리학적 의미를 실현시키는데 있어서 제가 가진 역량과 철학을 정치판에 축적시키려 합니다.

일부에서는 저를 두고서는 사교육 사업을 펼치는 사람이지, 진정한 교육자가 아니지 않느냐는 시선도 있습니다. 그런데 제 생각은 다릅니다. 어느 교육 현장에 있든 학생들을 바른 쪽으로 인도하는 것은 다를 바가 없습니다. 공(公)교육의 공(公)은 텅빌 공(空)자이며 사(私)교육의

사(私)는 생각하는 사(思)자라고 합니다. 일선학교에서는 "학원에서 배웠지?" 하며 넘기기 일쑤고 심지어는 자는 학생들을 깨우지도 않습니다. 사교육을 척결 대상으로 보며 부정적으로 재단하는 시선이 안타깝습니다. 아이들을 가르치는 보습학원은 부모가 퇴근할 때까지 아이를 돌봐주는 사회적 기능을 수행합니다. 또 최근 국제음악콩쿠르에서 좋은 성적을 거두는 젊은 음악인들 역시 어렸을 적 그들의 음악 영재성을 발굴하는 곳은 집과 아주 가까운 동네 학원들이었습니다.

한 푼의 정부 지원을 받지도 않는 사교육 시장에서는 끊임없이 연구하고 혁신하지 않으면 살아남기 어렵습니다. 그런 열악하고 거친 영역에서 대동학원과 은석학원(기숙학원)을 일궈낸 오뚝이 같은 열정과 성실이 오늘의 저를 이뤄냈습니다.

학원을 처음 설립할 때 대한민국 전체를 아우르는 명칭이 없을까 고민했습니다. 김정호의 대동여지도에서 그 명칭을 따왔습니다. 여기서 대동(大東)의 개념은 대한민국 그 자체입니다. 즉, 대동학원은 대한민국을 이끌 인재들을 키우는 곳이란 의미입니다.

우리는 질서를 만들고 싶어
혼돈을 사랑한다.
질서가 쓰러지면
새로운 질서가 생기겠지.
그러니 비관아, 낙관과 악수하자"

— 에셔(화가)

•• 08 ••
정치판, 이렇게 달라져야 한다

　여당이든, 야당이든 정당의 민주화가 제대로 작동하지 않습니다. 그 원인은 여러 가지가 있을 수 있겠는데, 핵심은 의사 결정의 민주화가 이뤄지지 않는 데 있습니다. 대화와 토론, 이해와 설득이 제대로 이뤄지지 않고 위에서 아래를 흐르는 하향식 의사 결정 과정이 가장 큰 관건입니다.

　여당의 예를 들자면, 대통령(행정)과 당 대표(입법) 간에 거리낌 없이 소통할 수 있는 수평적 관계가 돼야합니다. 그렇게 해야 국민들은 자유와 권리를 획득할 수 있습니다. 그런데 현실은 그렇지 않습니다. 위로부터 당대표에게 지시를 내리는 '숨어 있는 그림자'가 존재한다는 오해를 받아서는 곤란합니다. 그렇게 되면 합리적이며 이성적인 당정 관계가 확립되지 않습니다. 국회의원들이 개별입법기관으로서의 역할을 하지 못하게 되는 것입니다.

일부 국회의원들은 정치인으로서의 사명 의식이 없는 것 같습니다. 자기 이익을 취하고 당리당략에 치우쳐 국민의 진정한 대표로서 그 역할을 제대로 하지 못합니다. 그런 상태를 바꿔야 하는데, 단번에 바꾸기는 어려운 상황입니다. 따라서 중요한 것은 진정한 국민의 일꾼들이 선거에 나서야 합니다.

정작 국민들이 원하는 인물은 정치 혐오감으로 인해 정치와 거리를 두려합니다. 국민들도 원하며 스스로도 정치를 하고 싶은 인물은 경제적 요인과 기득 정치권의 방해로 정치판에 진입하지 못하는 형태가 계속 펼쳐지고 있습니다. 그 결과로 인해 국민들은 후보자들 중에 최고를 선출하는 게 아닌, 비교적 덜 나쁜 사람을 뽑는 것으로 정치적 퇴행화가 지속적으로 이뤄지고 있습니다. 국회의원 후보자들로 나온 사람들이 국민들의 일반적 의식에도 못 미치는 현상을 많이 목격했습니다. 그동안의 경험과 연륜, 진정성을 바탕으로 이러한 나쁜 연결고리를 끊겠습니다.

국민들은 개별 입법기관으로서의 임무를 다 할 수 있는

자질을 갖춘 사람을 뽑고 싶어 합니다. 이 같은 국민들의 희망을 실현해주는 것이 한국정치판의 과제입니다. 그것을 완수하기 위해 저는 작은 받침돌 하나라도 놓겠다는 심정으로 출사표를 던지려 합니다.

철학자 소크라테스는 '개를 닮은 정치인'이 되라고 말했습니다. 개는 모르는 사람을 보면 자기를 해치지 않아도 짖지만, 아는 사람에게는 어떤 이익이 없어도 꼬리를 치고 반깁니다. 여기서 모르는 사람은 바깥의 적, 아는 사람은 국민을 비유한다고 볼 수 있습니다.

소크라테스는 군주가 개를 닮지 않아 결국 자기를 키워준 민중을 살해한다고 덧붙였습니다. 행여 우리 정치판이 이 같은 상황을 닮은 것은 아닐까 두렵습니다.

경제가 어려워 살아가기가 한층 버거워진 서민들은 거친 숨을 내쉬고 있습니다. 이런 가운데서도 정치권은 산적한 민생 현안은 살피지 않고, 정쟁을 계속 일삼고 있습니다. 아무런 생산성도, 발전도 없는 밀고 당기는 줄다리기를 계속 하고 있습니다. 민생이 어려워 섬뜩한 사회 범죄들이 잇따라 발생하고 있는 데도 정치권은 그들의 실속만 챙길 뿐 '민생 정치'에는 그다지 관심이 없는 것 같습니다.

정치학자 바크라크와 바라츠는 이 같은 현상을 '비결정(非決定)의 정치'란 용어를 사용했습니다. '비결정의 정치'란 신속한 정책적 결정이 내려져야 할 민생 현안들이 국회에서 낮잠을 자는 현상을 일컫는 용어입니다.

동래지역은 저항의 상징 지역입니다. 임진왜란 당시 동래성을 사수하기 위해 산화한 송상현 공과 주민들의 얼이 기린 곳이며, 3.1운동에는 동래시장에서 민중들이 일제의 부당함에 맞서 맹렬하게 저항한 지역이기도 합니다. 안락서원은 조선 시대 후기 대원군의 전국 서원 철폐령에도 아랑곳하지 않고 살아남은 곳입니다.

바깥 적의 부당하고 야만적인 침략에 순응했다면, 자손들의 미래는 아예 존재하지도 않았을 것입니다.

동래구민들이 항거하며 저항한 덕분에 오늘이 있는 것입니다. 그 역사를 다시 일깨우며 다시는 그런 비극이 반복되지 않게 하는 것은 오늘을 사는 우리들의 의무이기도 합니다. 저항의 정신은 미래를 지향하는 정신입니다. 저와 동래구민들은 새로운 시대적 기운을 맞이하기 위해

현 정치 지형도를 바꾸는 데 열정을 다 할 것입니다.
 '동래 지킴이'로서, 오직 국민과 구민들을 생각하며 잘못 된 것을 바로잡으며 생활정치를 실현하는 정치인이 되기로 오늘도 다짐을 합니다.

> 외부의 관찰자적 시선이 아닌, 진정으로 지역을 지키며 뿌리내린 인물들을 골라내야 합니다. "나 왔어!"가 아닌, "나 여기 있어요!"를 당당하게 내세울 수 있는 지역 일꾼이 필요하다는 의미입니다.
> 지역에 뿌리내리지 않은 철새 정치꾼들이 지역에서 진정한 애정을 쏟을 리가 없습니다.
> 우리는 그것을
> '정치 놀음'이라고 이릅니다.

09
국민들이 정치에 무관심한 이유

한국의 정치는 아직까지도 후진적 정치 지형도를 보이고 있습니다. 상대방과 끈질기게 대화를 하고 타협을 이끌어내는 정치가 아니라, 극단적 대립 구조 사고가 낳은 구습입니다. 이 같은 대립적 구도를 유지하는 게 정치인들에게도 이로워서 그렇게 하는 것 아니겠는가는 생각도 가끔 들 때가 있습니다. 흡사 독재자가 끊임없는 전쟁을 통해 정권을 유지하는 방법과 비슷한 원리란 생각을 해 봅니다.

끼리끼리 자기편을 만들어서 국민은 안중에도 없는 퇴행적 정치 행태를 벌이고 있습니다. 국민들의 의식 단계는 선진화돼 있는 데도, 유독 정치판은 후진적 상태에 머물러 있는 것이죠.

이를 지켜보는 국민들은 "너희들이 정치 다 해먹어라."

하면서 정치에 극단적인 냉소적 반응을 보이고 있습니다. 패거리와 패거리 간의 싸움으로 피해를 당하는 것은 오직 국민들이니 씁쓰레할 뿐입니다.

진보 세력들과 운동권 세력들은 정권을 잡은 이후의 구체적인 청사진을 준비하지 못한 집단 같았습니다. 권력에 굶주리다가 집권 이후에는 권력의 단맛에 도치된 채, 우쭐하며 '내로남불'의 전형을 드러낸 것입니다. 오죽했으면 지난 정권이 "아무 것도 바뀐 게 없다. 오직 김정일을 대하는 태도가 바뀌었을 뿐이다"라는 비아냥을 들어야 했을까요.

현 정부는 개혁과 미래 청사진에 대한 목표와 비전을 갖지 못한 앞 정권을 물려받았습니다. 진보든, 보수든 일단 권력을 잡으면 당리당략에 골몰해 있습니다.

정치 혐오에 대한 원인 가운데 그 다음 요인으로는 사회 곳곳에서 벌어지는 '갈라치기' 현상입니다. 정치권력을 획득하기 위해 국민들을 갈라 치는 게 가장 큰 문제입니다. 사용자와 노동자, 가진 자와 못 가진 자, 수도권과 비수도권, 지역과 지역, 남성과 여성의 대립구도로 갈라 치는 것입니다. 이는 대한민국의 발전을 가로막는 큰 장애물이 아닐 수 없습니다. 결국 정치권의 비민주적 정치 행태에 실망을 느낀 국민들은 정치 혐오와 무관심 현상을 극단적으로 보여줍니다.

 이를 극복하기 위해서는 국민들의 정치 참여를 극대화시키는 제도적인 방안들이 준비돼야 할 것입니다. 우선 공천 심사 과정에서도 민주적 절차가 진행돼야 합니다. 진정한 상향식 공천 절차가 실현돼야 할 것입니다. 매번 혁신을 내세워 '상향식 공천' 운운해도, 실제로는 속 빈 강정에 그치는 경우가 많은 것을 발견했습니다.
 지역의 순수 진성당원들과 지역민들의 여론을 적극 반영하는 제도적 틀이 준비돼야 할 것입니다. 그러기 위해서는 외부의 관찰자적 시선이 아닌, 진정으로 지역을 지키며 뿌리내린 인물들을 골라내야 합니다.
 "나 왔어!"가 아닌, "나 여기 있어요!"를 당당하게 내세울 수 있는 지역 일꾼이 필요하다는 의미입니다. 지역에 뿌리내리지 않는 철새 정치꾼들이 지역에 진정한 애정을 쏟을 리가 없습니다. 그 결과 그들은 허황된 말장난에 빠진 채, 국민들의 실제적인 삶을 외면합니다. 우리는 그것을 그들의 '정치 놀음'이라고 이릅니다.

또 행정 집행 과정에서도 국민들의 정치 참여를 높일 수 있는 제도적 장치를 튼실하게 갖추어야 할 것입니다. 예를 들면 동정자문위원과 구정자문회의 등의 지속적인 개최 같은 것들입니다. 비 제도권 집단들과 소통할 수 있는 방안은 '국민 발안제'를 적극적으로 실행하는 것입니다. 물론 '국민 발안제' 같은 장치들이 기존 제도권 내에 있지만 너무 형식적이며 의례적이란 것이 문제입니다.

 국민들 피부에 와 닿는 현실 생활정치를 구현해야 합니다. 또한 비영리 단체들인 청년연합회, 여성연합회, 노인연합회들이 정치에 직간접적으로 참여하는 물꼬를 터주어야 하는 것도 국회의원의 역할입니다.

 국민들이 정치에 대해 친밀감을 갖기 위해서는 국회의원 구성 역시 직무 별로 다양하게 구성돼야 할 것입니다. 우리 국민들은 각자 삶의 프로들입니다. 현재 국회의원들의 인적 구성은 판사, 검사, 변호사 같은 법조인, 교수, 군인과 경찰 집단으로 과도하게 편향돼 있는 게 문제입니다. 사회 각층의 예술인, 주부, 동네목수, 상인, 학생, 선생님, 노인 대표와 같이 직업과 연령과 세대를 아우르는 직능별 비례대표를 더 강화시킬 필요가 있습니다. 다양한 의견들이 모여 정책을 결정하는 국회의 모습을 생성하는 데 저 역시 일조하겠습니다.

 특정 사회가 발전하려면 정치가 시계의 진자운동 같이 좌우로 움직여야 합니다. 좌우 운동의 에너지가 축적돼 추가 중간에 멈추었을 때, 비로소 정치가 도약하는 순간입니다. 그런데 우리의 정치 지형도는 좌와 우에 과도하게 몰려 중간이 비집고 들어갈 틈이 없습니다.

 정치가 균형이 잡힐 때, 다양한 각계각층의 목소리가 여기저기서 들리며 그 와중에 생산적이며 서민친화적인 정책들이 생산될 것입니다.

> 동래구는 오래 이어져 온 훌륭한 전통과 유능한 인적 자산과 물적 자산을 충분히 갖추고 있는 지역입니다.
> 동래구가 서울 강남구보다 못하란 법은 없습니다. '쫓아가던 전략'에서 '이끌어 가는 전략으로'를 실현할 것입니다

◆◆ 10 ◆◆

정치 입법 활동에서
중요하게 생각하는 것들(1)

 한국 사회가 직면한 대표적인 현안 다섯 가지를 꼽으라면, 저는 첫째 인구절벽, 둘째 기후 위기, 셋째 국가 균형 발전, 넷째 국민 통합, 다섯째 교육 현안을 들겠습니다.
 이러한 한국 사회의 시급한 현안들을 해결하는 데 있어 동래구가 모범적인 전초기지로 자리 잡을 수 있게끔 최선을 다할 작정입니다. 그것이 우수 사례가 되어 대한민국 전역으로 파생 효과가 확대되었으면 하는 바람입니다.

 유명한 인물, 유명 학원가, 똑똑한 집 한 채는 거의가 서울 강남에 몰려 있는 실정입니다. 수도권 면적은 채 12% 정도에 불과한데도 인구는 51%가 넘는 현실입니다. 이러한 일극주의는 시급히 해결해야 할 과제입니다.

동래구는 오래 이어져 온 훌륭한 전통과 유능한 인적 자산과 물적 자산을 충분히 갖추고 있는 지역입니다. 동래구가 서울 강남구보다 못하란 법은 없습니다. 전통과 현대가 어우러진 지역입니다.

동래구가 부울경 메가시티 전략과 함께 발전한다면 수도권 중심의 일극주의에서 다양성이 혼재된 다극주의로 향하는 초석이 되리라고 믿어 의심치 않습니다. 그런데 이러한 지역적, 물적, 인적 자본을 현재 충분히 활용하지 못하고 있습니다. 지역 내에서 뜻을 함께 모아서 '연대와 통합의 동래'를 이루면 동래구가 전국에서 롤 모델 역할을 할 가능성은 충분합니다. 동래구는 '쫓아가던 전략(Fast Follower)에서 이끌어 가는 전략(Fast Move)으로!'를 실현할 것입니다.

첫째, 인구 절벽 현상입니다. 이 같은 현상은 동래구도 크게 다르지 않습니다. 불과 몇 년 전 29만 명에서 현재 27만 명으로 인구가 줄었습니다. 그래서 인구를 적극 유입시키고 유출을 막는 정책을 세우는 게 시급한 과제입니다. 예를 들면 서울 강남구보다 더 잘 살고 교육 환경이 잘 갖추어지고 문화적으로 풍요로운 지역으로 발전하면 자연스레 인구가 유입될 것입니다.

우선 동래구가 경제 발전을 위해 첨단산업을 유치하고 관광활성화 정책을 적극 펼쳐야 인구 유입이 가능합니다. 첨단 산업 유치를 위해서는 파격적인 세제 혜택과 부지 제공과 같은 과감한 정책이 필요합니다. 그런데 세제와 부지 혜택을 준다고 해서 전부가 해결되는 것은 아닙니다. 주위에 학교와 문화시설, 식당과 상가 같은 생활문화적인 인프라와 소프트웨어가 갖추어 지지 않으면 기업들은 외면하기 일쑤입니다. 대표적인 예가 부산강서산업단지 같은 경우입니다.

관광산업 활성화를 위해서는 우선 먹거리, 볼거리, 즐길거리, 놀거리가 풍성해야 합니다. 먹거리는 동래꼼장어, 동래파전 같은 음식들이 국내외적으로 잘 알려져 있습니다. 한 예를 들면, '동래구 미각도시 프로젝트'를 연 1~2회 정도 열어 관광객들도 유치하며 먹을거리와 볼거리도 풍성하게 하는 전략입니다.

음식을 흔히 '소셜 쿠킹'이라고도 합니다. 즉, 음식은 사람을 불러 모으며 결속시킨다는 뜻입니다. 저명인사와 유명연예인들을 초청해 동래 지역대표 요리와 식사담화를 하면서 지역 특산물 음식을 적극 소개해 관광축제화시키는 구상입니다. 이렇게 함으로써 구민들끼리의 공동체적 연대도 강화시킬 수 있습니다. 야시장도 함께 개최하면 효과가 더 좋을 것입니다. 또 관광객들을 대상으로 '쿠킹 클래스'도 개최하고 강좌를 진행하면 국제적으로도 명성을 얻을 것입니다. 행사와 관련해서는 동래구 전통시장들을 이용하게 함으로써 관내 자영업자와 골목식당들도 참여하게 될 것입니다.

볼거리도 '역사와 전통이 살아 숨 쉬는 동래' 답게 다양한 문화적 유산들이 즐비합니다. 기존의 사직종합운동장, 충렬사, 안락서원, 동래향교, 복천동고분군 같은 지역자산이 다른 지역에 비해 훨씬 많습니다. 그런데도 뭔가 구체적으로 와 닿는 게 없는 느낌입니다.

야구 도시인 사직종합운동장은 주위 일대를 리모델링해 청소년과 청년들의 광장으로 적극 활용하는 방안도 추진할 것입니다. 또 충렬사, 안락서원, 동래향교도 관계자분들과 협의를 거쳐 입체적인 체험프로그램을 강화시킬 예정입니다. 복천동고분군 역시 정말 소중한 자산인데도 다른 유적 고분에 비해 잘 알려지지 않은 게 사실입니다. 과거와 현재 미래를 이어주는 다양한 프로그램 개발과 적극적인 홍보가 필요합니다. 이러한 중요 문화

자산을 오프라인을 통해 국내외에 적극적으로 홍보해야 합니다. 의원실이 주도해 관내 구청, 문화재청, 교육청과 함께 태스크포스팀을 발족시켜 지역의 대표적 자산들을 적극 활용해 관광 활성화를 꾀하겠습니다.

이를 발판으로 동래구 미래 발전을 위한 도약을 준비하겠습니다. 지역 대표 브랜드들의 적극적인 홍보와 판촉을 통해 많은 관광객들이 즐겨 찾는 동시에 살고 싶은 도시가 되어 인구를 적극 유입할 수 있는 정책을 세우겠습니다.

둘째, 지역과 수도권과의 불균형이 심각합니다. 대한민국 상위 1천개 기업 가운데 70% 이상이 수도권에 몰려 있는 실정입니다. 정부가 강력한 지방분권 의지를 가지고 해결해야 할 현안 중의 현안이 아닐 수 없습니다.

부울경메가시티를 포함해 충청과 호남 권역의 각 지역 거점 지역들에 대한 집중적인 육성 정책을 정부가 펼쳐야 할 것입니다. 장차 국회의원으로서 할 수 있는 최대한의 역량을 투입하겠습니다.

학부모들은 지역을 고를 때 교육 환경도 대단히 중요시합니다. 유명대, 소위 'SKY대'의 지방 분교를 수도권과

강원권이 아닌, 동남권 쪽에 설립하는 방안을 지역 의원들과 적극적으로 연대해 입법 발의하겠습니다.

셋째, 기후 위기입니다. 기후위기에 적절하게 대처하기 위해서는 이산화탄소 저감 운동과 친환경 에너지 개발도 동래구에서 시범적으로 실시돼야 합니다. 이는 비단 생태적 현안일 뿐 아니라, 경제적 측면에서도 선진국의 수출 규제에 대응하는 사안입니다.

영국의 사회학자 앤서니 기든스는 이런 말을 했습니다. "지구 기후 위기는 직접 손으로 만져지는 것이 아니어서 아무리 무시무시한 위험이 다가온다 한들, 대부분은 그저 가만히 앉아서 기다릴 뿐이다. 그러다가 대응조치를 하기도 전에 위기가 눈앞에 닥친다면 이미 때는 늦은 것이다." 그는 10대가 흡연의 해로움에 대해 충분한 경고를 듣고도, 40대 무렵의 건강은 당장 실감하지 못해 담배를 끊지 못하는 것과 같은 현상이라고 비유합니다.

우리나라의 경우도 해수면이 1m만 상승하면 부산 같은 연안도시가 위기에 처할 가능성이 있다는 주장이 꾸준히 제기됐습니다. 지나친 걱정이라고 여길지 모르겠지만, 과학자들의 주장을 살펴보면 꼭 그렇지만은 않다는 것을 알 수 있습니다. 과학자들은 지구 기온이 최근 100년 사이에 무려 약 0.74℃ 상승해 해수면은 0.3~0.4m 정도 상승했다고 합니다. 이번 세기 말에 지구 온도가 6℃ 가량 올라갈 수 있다는 것입니다. 가후 위기화가 진행되면 한반도가 아열대기후로 변해 2090년께 부산에서는 겨울이 완전히 사라질 것이란 경고도 있습니다.

한반도 기온이 1도 올라가면 바닷물 온도가 크게 상승하고 낙동강 유량은 최대 20% 가량 감소할 것이라는 주장도 그냥 넘겨서는 안 됩니다. 집중호우를 동반한 태풍이 잦아지고 위력도 훨씬 강해져 말 그대로 대재앙이 될 것입니다.

어느 것 하나라도, 해양도시 부산과 연관되지 않은 게 없습니다. 시민들 안전과 경제, 생활 패턴에까지 큰 영향을 끼칠 수 있는 중대한 사안들입니다. '겨울이 사라지고, 부산이 사라진다…' 허구 같은 이야기가 실제가 되지 않기 위해서는 기후 위기에 대한 철저한 경각심을 가져야 할 것입니다.

더 이상 늦기 전에 대비해야 합니다. 동래구가 친생태적 모범 지역으로 진화하기 위한 제도적 장치들을 다방면으로 준비하겠습니다.

넷째, 국민통합입니다. 현재와 같은 갈라 치기 정책이 활개를 치는 이유는 정치인들의 잇속과도 연관이 있어서 입니다. 저는 평생을 교육자로서 살아 온 사람으로서 이러한 행태들에 전혀 익숙하지 않습니다. 저의 뚝심과 신뢰, 패기를 바탕으로 정치판에 새바람을 불어 넣겠습니다.

다섯째. 교육 현안입니다. 교육적인 측면에서도 미래 아이들이 훌륭한 아이들로 성장할 수 있게끔 정신적, 물적 토대 구축에 최선을 다할 작정입니다.

예를 들면 공교육과 함께 사교육도 중요한 만큼, 강남학원가 같이 동래구에도 '명품학원가'를 조성할 계획입니다. 현재 명륜동 미술학원로와 사직동 보습학원로를 지켜봐도 그 성공 가능성을 예상할 수 있습니다.

지역에 인성 교육이 뿌리를 내릴 수 있게끔, 동래향교와 안락서원 같은 지역의 전통자산을 적절히 활용할 작정입니다. 동래교육청을 매개로 향교와 서원과 업무협약을 각 학교 별로 맺어 구체적 사업을 펼치겠습니다. 학생생활기록부에 이러한 교육 활동 기록을 남겨 대학 입시에 반영할 수 있게 구상하고 있습니다. 또 교육이 형식적이 아닌, 학생들이 흥미를 가질 수 있게끔 입체적인 체험 프로그램을 강화하는 방안을 관할 교육청과 협의를 맺어 진행할 예정입니다. 인근에 적절한 부지를 확보해 체험형 숙식 기숙사를 건립해 국내외적으로 청소년과 청년들이 찾아오게 할 계획도 가지고 있습니다. 이런 프로그램에 자발적으로 참여케 함으로써, 자연스레 인성과 배려, 도덕심을 함양하게 유도할 예정입니다. 제가 교육자여서 그런지 여기에 관심이 많습니다. 의례적인 교육이 아닌, 실제 느끼고 와 닿는 교육을 동래 고유의 지역자산과 연결시켜 성취할 것입니다.

아무리 사회가 발전하고 경제가 발전해도 최근 발생하는 끔찍한 사건들에서 알 수 있듯이, 올바른 인성과 사회예절, 도덕심이 중요합니다. 이를 우리 사회가 잃어버린다면 '차가운 인조인간'이 되어 국가 전체에 커다란 위협 요소가 될 것입니다.

이와 관련, 최근 학교 정식과목에 윤리와 도덕 과목이 사라진 것은 안타까운 일입니다. 의정 활동을 하면서 올바른 삶을 사는데 필수적인 윤리와 도덕 과목의 부활에도 힘을 쏟아 부을 예정입니다.

> 동래구는 부산에서 유일하게 대학이 없는 곳입니다. 젊은 층이 유입돼 활기 넘치는 도시가 되기 위해서는 대학의 존재가 필수적입니다. 따라서 기존의 전통적인 대학 커리큘럼과는 차원이 다른 대학을 설립 추진하겠습니다. 예를 들면 현재 '케이 팝'과 '케이 푸드' 같은 한류문화가 유행하고 있습니다. 이들을 수용할 수 있는 '부산국제대중문화대학'을 설립하는 방안을 모색할 것입니다.

11

정치 입법 활동에서
중요하게 생각하는 것들(2)

 이 외에 교통난도 심각합니다. 기존 통계 자료들을 바탕으로 해서 구청과 협의해 '교통관제센터'를 설립해 지속적인 교통 흐름 모니터링을 함으로써 중장기적인 대책을 내놓겠습니다. 동래지역은 내성로터리를 중심으로 사통팔달 뚫려 있는 교통요충지입니다. 부울경 메가시티 조성에도 중심축을 맡게끔 최선을 다할 작정입니다.

 둘째, 동래구는 부산에서 유일하게 대학이 없는 곳입니다. 국내외적으로 봐서도 젊은 층이 유입돼 활기 넘치는 도시가 되기 위해서는 지역에 대학의 존재가 필수적임을 알 수 있습니다. 따라서 기존의 전통적인 대학 커리큘럼과는 차원이 다른 유형의 대학을 교육자로서의 경험을 바탕으로 설립을 추진하겠습니다. 예를 들면 현재 케이 팝과 케이 푸드 같은 한류문화가 지구촌에서 급격히 유행하고 있습니다. 국내는 물론 외국에서도 이를 배우기 위해서 많은 젊은 층들이 한국을 찾습니다. 이들을 수용할 수 있는 '부산국제대중문화대학'을 설립하는 방안도 힘을 모아 모색할 것입니다. 사실 부산은 대중문화의 도시입니다. 미8군을 중심으로 록음악의 씨앗이 움튼 곳도 부산이며, 국내 유명 가수 연예인들의 상당수가 부산이 고향입니다. 최근 인기를 끌고 있는 트롯 분야에 있어서도 현인, 나훈아, 설운도, 현철 같은 유명 스타들을 배출한 곳이기도 합니다.

부산의 대중문화를 수용하고 가르치며 전파할 교육기관이 없는 실정입니다. 기존의 전문대학은 교과 영역이 협소해 케이 팝과 케이 푸드 같은 케이 문화를 체계적으로 육성할 수 있는 '부산국제대중문화대학'을 설립하려 합니다. 또한 출판위원회, 영상위원회 같은 국가 기관은 있음에도, 대중문화위원회는 없습니다. 대중문화위원회 부산유치를 입법 발의해서 국제대중문화대학과 함께 대중문화의 발전을 이루는 기반을 구축하겠습니다.

또 대중문화공연을 전용으로 하는 '아레나 홀'도 가능

하면 동래에 유치하겠습니다. 이러한 것들이 성사된다면 부산은 명실상부한 대중문화의 중심지가 될 것이며 거기에 따른 젊은 인구 증가, 관광 활성화, 일자리 창출 같은 부대효과가 극대화 될 것입니다. 이는 인구 절벽해소 대책과 국가 균형발전으로 이어져 일거양득의 효과가 발생할 것입니다.

또 '시민문화창조대학'을 설립해 부산시내 대학들과 협의해 평생교육을 실시하려 합니다. 다양한 문화교육체험 프로그램과 창조성을 높이는 다양한 프로그램을 실시할 계획입니다. 대상은 청소년, 청년, 직장인 위탁 교육, 노인까지 전 연령대에 이릅니다. 직장인 위탁교육으로 수익도 창출할 수도 있습니다.

셋째, 부산에서 처음으로 '동래 반려동물 파크' 설립을 공약으로 내걸겠습니다. 반려인과 반려동물들이 급증하는 상황에서 관내 적절한 유휴 부지 일부를 활용해 반려동물과의 행복한 동행을 추구하는 게 목적입니다. 구민들과 반려동물 전부가 유익한 공간이 되는 시설을 추진하는 것입니다.

여기에다가 '노인 반려견 돌봄 프로젝트'와 '입양반려동물 산책도우미 제도' 프로그램을 실시해 구민들에게 일자리 창출과 정서건강 증진에 도움을 주게할 계획입니다. 펫산업 관련 기업들도 입주시켜 일정 수익을 공익적으로 사용할 수 있게 제도화하겠습니다.

또 '노인 반려견 돌봄 프로젝트'도 실시해 노인들이 이웃에 사는 반려동물을 틈날 때 돌봐주게 하겠습니다. 노인과 반려동물, 이웃을 이어주는 공동체 프로젝트입니다. 반려동물을 혼자서 키우기가 쉽지 않은 상황입니다. 외로운 노인들의 건강 증진과 함께 일정 수익을 받으면서 정서적으로도 좋은 경험을 가질 것입니다. 반려견 주인은 소정의 가입비와 회비를 내면 가능합니다.

그 외에도 관내 건축물, 상점, 상가, 유휴부지의 빈 공간에서 펼치는 '잠깐 머물기, 숏 스테이(short stay)' 프로젝트는 공간 사용을 원하는 주민들에게 관리비 정도 내게 하며 무상 사용케 하는 방식입니다. 공간 주인에게는 최대 80%까지 세금 감면 혜택을 제공하며 빈 공간에 사람 북적거리게 하는 효과도 거둘 수 있습니다. 소상공인들에게는 연착륙 기회를 제공하는 '사회적 책임 있는 소유권'을 실천하는 프로젝트입니다.

또 공동체 자원과 이익을 공동체에 돌게 하는 '지역화폐'를 구청과 협의를 거쳐 발행하겠습니다. 여기에 남을 도와주는 게 자기에게 이익이 되는 '커뮤니티 비즈니스' 개념인 타임 뱅킹(time banking) 제도도 실시합니다. 포인트를 누적시켜 도움을 준 자가 어려운 일을 당할 때 타인으로부터 도움을 받든지, 지역화폐로 돌려받는 것입니다.

아동여성친화도시를 목표로 '여성아동 도시권'을 구축하겠습니다. 공공시설에 여성 화장실을 늘리는 것은 물론 여성 귀가 안전로를 설정해 주민 방범대원들이 순찰하는 방안입니다. CCTV 확대 설치와 가로 야간 조명 설치 확대들도 적극 구상할 사안들입니다.

야간버스를 운행하는 것도 관련 법률 검토를 거쳐 시행하겠습니다. 자정부터 새벽 6시까지 출퇴근청소노동자, 대리운전 기사, 공연장 노동자, 야간업소 악기연주자, 야근회사 직원, 간호사, 팍팍한 삶을 사는 서민들에게 따뜻한 공동체가 있다는 훈훈함을 심어주는 효과가 있습니다.

"
슬로건은 '과거와 미래, 사람과 사람, 사람과 자연을 연결하는 문화도시'로 정하겠습니다. 지역예술인 복지 시스템 강화를 비롯해 동래구 '법정문화도시' 추진, '동래문화재단' 설립 같은 다양한 활성화 정책을 강력하게 추진하겠습니다.
"

12
앞으로 추진할 문화정책들은?

 최근 문화의 개념이 확대되는 추세에 부합해 다양한 소프트웨어와 문화 정책으로 동래구가 '문화도시'를 선언해야 할 시점입니다. 이는 곧 구민들의 자긍심을 높이며 타 지역의 인구를 유입시키는 기제가 됩니다.
 슬로건은 '과거와 미래, 사람과 사람, 사람과 자연을 연결하는 문화도시'로 정하겠습니다. 그 구체적인 방안으로 다음 사항들을 제시합니다.

첫째 동래구 '법정문화도시'를 추진할 것입니다.
 정부로부터 지속적인 국비 지원을 받을 수 있습니다. 지정이 되면 부산에서 두 번째입니다. 전국적인 사례로는 포항(철학문화도시), 영도구(예술과 도시의 섬), 부천시(생활문화도시), 제주 서귀포(노지문화도시), 천안(문화독립도시)들이 있습니다.

　부산 지역 현황은 2019년 영도구가 최종 지정되었으며 2020년에는 부산 북구가 '예비문화도시'로 지정되었으며 금정구는 현재 추진 중에 있습니다. 선정되면 향후 5년 동안 매년 20억 씩 최대 2백억(국비와 지방비 매칭) 지원을 받습니다. 이를 매개로 동래구가 문화도시로 비약하는 발판으로 삼겠습니다.

　둘째. 동래구 주요 거점에 관련 예산을 확보해 복합문화센터를 조성하겠습니다. 복합문화시설 한 두 곳은 구민들과 지역예술인들을 위한 문화창작공간으로 활용할 것입니다. 이는 외국 공공문화기관들의 일반적인 추세이기도 합니다. 구민들을 위한 판화공방, 유화공방, 악기 연습실, 문화사랑방, 다양한 장르 연습실로 문화시민권과 문화분권을 확립하겠습니다.

　또 고령인구가 증가하는 추세에 맞춰 노인층 대상의 생활문화체험 프로그램을 활성화시키겠습니다. 노인분들이 할 일이 없어 공원에서 무료하게 시간을 죽이는 게 아닌, 적극적인 체험프로그램으로 삶의 활력을 회복하는 방법을 구청과 다양하게 협의하겠습니다. 노인정과 노인

복지관 주위 일대를 쌈지공원과 복합문화공간 조성 같이 종합적 컨셉으로 접근해 정부 주도의 생활밀착형 인프라 구축 사업인 SOC 사업공모 관련 예산을 따내겠습니다. 노인정과 노인복지관 일대를 단순한 쉼터가 아닌, 노인친화적인 생활공원으로 진화시키는데 온 힘을 모으겠습니다.

셋째, 동래구의 장기 문화도시 발전 플랜과 주민생활문화 활성화 전략 수립을 위한 전초기지로서 '동래문화재단' 설립을 추진하겠습니다. 동래구를 '문화 관광 도시'로 발돋움시키면서 젊은 층을 유입하고 노인 및 중장년층 문화 복지 실현에 적지 않은 역할을 할 것입니다. 최근의 도시재생과 청년문화, 한류문화 같은 다양한 문화적 흐름을 수용하기에는 기존 문화원으로는 한계가 있는 것이 사실입니다. 서울 자치구에는 대부분 설립되어 있고 대구에도 8곳의 자치구에 설립됐습니다. 부산은 현재 부산진구와 금정구 두 곳에 불과합니다.

넷째, '동래구 시민오페라(뮤지컬)단'을 설립하겠습니다. 연말에 구민들이 직접 오페라 공연을 무대에 올리는 전국

최초의 주민축제형 공연이 될 것으로 기대합니다. 이는 부산오페라하우스 설립과 맞물려서 의미 있는 프로그램이며 전국적인 주목도를 크게 높일 수 있습니다.

다섯째, 의원실 주도로 구민 대상 '나는 아티스트다' 프로그램을 실시하겠습니다. 국회의원 임기 내 5만 명이 목표입니다. 생활 문화단체 및 아마추어 예술동호인, 공공문화기관 주최 강습 수료 참가자들, 학교 예술 서클동아리 회원들을 선정해 국회의원이 직접 명예 자격증을 수여함으로써 구민들과의 스킨십을 돈독히 하며 문화시민으로서의 자긍심을 높이는 계기가 될 것입니다.

여섯 번째, 구청과 협의를 거쳐 생활문화 및 생활문화 동아리 지원과 예산을 대폭 증액하겠습니다.

일곱 번째. 청년예술인 일자리 창출 조례를 적극 추진하겠습니다. 동래구의 각종 공공정책 사업에 동래구 소재 청년예술인들이 참여할 수 있는 의무 조례를 신설할 작정입니다.

여덟 번째, 지역예술인 복지 시스템을 강화시키겠습니다. 지역 예술인 10명 중 7명 정도(62.8%)가 월 소득이 100만 원 이하인 것으로 추산됩니다. 한 푼의 수입도 없는 예술인도 많은 것으로 파악되고 있습니다. 예술인 복지법과 예술인고용보호법을 근간으로 예술인 복시 시스템 획기적으로 준비하겠습니다.

아홉 번째, 동래구 예술동행 프로젝트를 실시하겠습니다. 국회의원이 적극적으로 발로 뛰면서 기업과 예술 간의 연결 상생 프로젝트를 펼치겠습니다. 기부금 역시 적극 유치해 서로가 상생하는 프로젝트가 될 것입니다. 기업의 예술후원으로 적어도 동래 지역의 예술인들에게만큼은 안정적인 예술 활동을 지원하겠습니다. 기업으로서는 세제혜택을 받고 지역과 상생하는 이미지를 구축하는 정책입니다.

열 번째, 지역 공공문화기관 '커뮤니티 퍼스트' 정책을 지향합니다. 동래구 공공도서관, 동래문화회관 등 지역 커뮤니티와 끊임없는 연관성을 찾는 지역 공공문화기관을 지향할 것입니다. 각종 평가에서 지역커뮤니티와의 협업과 소통, 오픈 빈도, 지역예술인 무대 및 전시 횟수를 집계화시켜 평가하는 방안을 강구하겠습니다.

한 사례를 들면 미국 클리블랜드 도서관은 방학동안 지역의 빈곤한 아이들에게 무료급식 서비스도 펼칩니다. 우리로서는 낯설지 않을 수가 없습니다. 즉, 공공문화기관이 지역 커뮤니티와 긴밀한 연관성을 맺고 있음을 선언하는 것입니다. 시민대학, 청소년 방과 후 학교, 브레이크 댄스 경연대회 같은 지역밀착적인 문화 프로그램으로 주민들과 유대를 한층 높이는 형식입니다.

❷ 살아 꿈틀거리는 생활정치를 향한 꿈 123

> 기업 유치를 위해 과감한 법인세 감면 혜택과 행정적 지원을 아끼지 말아야 할 것입니다. 또한 주위에 교육과 교통 여건, 볼거리, 즐길거리, 즐거리가 풍성해야 젊은 층들이 저절로 찾아오게 돼 있습니다. 현재 부산산업단지들은 주위 인프라와 소프트웨어가 제대로 갖춰져 있지 않아 텅 빈 느낌을 줍니다.

✦✦ 13 ✦✦
젊은 인재들 왜 수도권으로 떠나는가?

 지역에서 청년 일자리 창출을 어떻게 해결하는 가가 지역발전의 관건입니다. 국가 균형 발전 정책에 의해 정부가 시행하는 '기업 지방 분산 정책'이 강제적으로 이뤄지는 느낌이 듭니다. 자율적으로 참여하는 것을 유도하는 게 필요합니다.

 과감한 법인세 감면 혜택과 행정적 지원을 아끼지 말아야 할 것입니다. 또한 주위에 교육 여건, 문화적 여건, 교통 여건, 볼거리, 즐길거리, 놀거리가 풍성해야 저절로 찾아오게 돼 있습니다. 현재 대부분의 부산산업단지들은 주위 인프라와 소프트웨어가 제대로 갖춰져 있지 않아 텅 빈 느낌을 줍니다. 제 아무리 세제와 부지 혜택을 제공한다 해도, 이런 여건 속에서는 선뜻 부산 이전을 결정하기가 어려울 것입니다.

따라서 과감한 세제 혜택과 함께 주위에 생활문화적 소프트웨어가 우선 구축돼야 합니다. 동래구를 중심으로 부산지역의 기업 유치 전략 방안에 대해 큰 틀에서 국회에서 전략을 수립할 작정입니다.

둘째, 지역 대학들의 경쟁력 확보 방안도 강구돼야 합니다. 한 예를 들면, 최근 정부 시책에 의해 반도체 관련 학과를 증설하는데, 거의 대다수가 수도권에 몰리는 상황입니다. 주위 여건상 어쩔 수 없는 상황은 있겠어도, 정치권이 의지를 가지고 지방에 분산하는 정책이 긴요합니다. 지역대학도 정부 지원만 기대하지 말고 우수 교수진과 실험실 확보 방안을 준비해서 수도권 대학 집중 현상을 막아야 할 것입니다.

셋째, 공기업은 준 강제적으로 지방 이전을 하기 쉬운 만큼, 정부가 의지를 가지고 추진할 수 있게끔 힘을 모을 작정입니다.

넷째, 미국 여행과 순방 중에서 느낀 것인데, 미국 현지에서 굳이 비싼 비용 들여가며 유학을 할 필요가 있느

나는 것입니다. 부산에서도 하버드대, 예일대, 시카고대 국제 분교를 설립해 지역 인재가 굳이 외국에 유학하지 않아도 가능한 시스템을 구축하자는 것입니다.

 과거에 제가 원장으로 있는 대동학원과 중국 길림대학과 업무협약을 맺은 적이 있습니다. 2년 간 대동학원에서, 3,4학년 째는 중국 길림대학에서 수업을 받아 학점을 받으면 졸업하는 제도입니다. 당시에 획기적인 발상이었는데도, 사립 학원이 공교육 영역을 침범한다고 해서 비판도 받고 교육청 감사도 받은 적 있습니다.
 저는 이에 아랑곳하지 않고 뚝심 있게 추진해 중국 길림대학 졸업생들을 배출했습니다. 소신을 가지고 뚝심 있게 밀어 붙인 결과입니다. 이것이 계기가 돼 현재 각 대학별로 '1+2', '2+2 학기제' 같은 해외대학 연계 프로젝트를 실시하고 있습니다.

> 부산의 지리적 이점과 항구 자산을 적극 이용해 부산이 다시 비상의 날개를 펼쳐야 할 절체절명의 시기입니다.
> 그 와중에 2030 국제엑스포 유치가 실패했습니다. 도시 인프라 구축에 가장 중요한 부산가덕도신공항이 원안대로 조성되는 게 필수적입니다. 부산 해양자치권 확대에도 박차를 가해야 할 것입니다.

14

부산이 동남권 중심지로서
왜 발전해야 하는지?

  부산은 동북아 해양수도이자, 동남권 핵심도시입니다. 그런데 최근 도시 경쟁력이 수도권 인근에 있는 인천 지역에 추월당하고 있는 상황입니다. 인천이 국제공항과 서울 인근에 위치한 이점을 활용해 부산이 이제 '제2의 대한민국 도시'란 지위를 내려놓아야 할 형편입니다. 이 같은 충격적 사실은 각종 지표와 통계적 자료가 증명해 주고 있습니다.

  부산의 지리적 이점과 항구 자산을 적극 이용해 부산이 다시 비상의 날개를 펼쳐야 할 절체절명의 시기입니다. 그 와중에 2030 국제엑스포 유치가 실패했습니다. 이 같은 결과는 구체적인 도시 인프라 구축과 행사 안전에 대한 전략 없이 과도하게 한류스타를 내세운 것도 한 원인입니다. 도시 인프라 구축에 가장 우선 필요로 하는 것은 부산 가덕 신공항이 원안대로 차질 없이 조성되는 게 필수적입니다. 이는 부산이 엑스포에 재도전하기 위해서라도 선결과제입니다. (현재 각 지방에 있는 궁색한 시설의) 지방 공항이 아닌, 국제적으로도 위상과 명성을 가진 부산가덕 신공항 조성에 차질이 없게끔 부산지역 정치권과 힘을 모아 최선을 다할 예정입니다.

또한 국제 항만물류도시로서의 부산의 재도약을 위해 다양한 해양정책을 정치권과 협의해 수립하겠습니다. 해양서비스산업 및 해양고부가가치 산업과 탄소배출 저감 시대를 맞아 해양조선 산업에 새로운 비전을 담는 정책들도 준비하겠습니다. 홍콩, 싱가포르 ,시드니 같은 외국 도시사례를 타산지석으로 삼아 국제물류산업의 중심지로서 재도약하는데 부산지역 국회의원으로서 최선을 다할 것입니다.

또한 부산의 해양자치권 확충을 위해 노력하겠습니다. 부산시민들은 국가 경제의 중요 축인 수출을 위해 육중한 컨테이너가 쌩쌩 달리는 불편과 위험을 감내하고 있습니다. 바닷가 역시 그동안 접근이 어려워 시민들의 불평이 많았던 것 또한 사실입니다. 과거 한시적으로 존재했던 컨테이너세를 부활시켜 지방재정분권의 토대를 구축 하겠습니다.

'해양특별자치시' 지정을 비롯해 법령 개정을 통한 부산항만공사의 자율권 구축과 '부산 해양금융특구' 지정을 위해 부산정치권과 함께 온 힘을 모으겠습니다. 부산국제컨벤션센터의 소프트웨어 활성화 정책도 필수입니다.

특히 동래구는 김해공항, 남해고속도로, 경부고속도로로 이어지는 교통 요충지입니다. 또한 역사적으로도 동래지역은 전국 23개 도호부 가운데 하나였습니다. 즉, 과거 부산의 시청은 현재 동래시장 앞에 위치한 동래구 동헌이었습니다. 그 의미는 바로 동래가 동남권 중심 지역이었다는 뜻이다.

또한 역사적으로도 동래구 동헌, 충렬사, 안락서원, 동래읍성, 복천동고분군, 동래향교 같은 문화적 자원이 풍성한 지역입니다. 부울경메가시티는 이 같은 찬란한 문화유산이 산재해 있는 역사의 중심지에서 출발해야 과거와 미래를 잇는 청사진이 구체화될 수 있습니다.

> 대동학원이 자리한 곳은 동래 '기영회'가 있던 곳이며 현재도 활발한 장학 사업들을 펼치고 있습니다.
> '기영회'는 일제강점기에 상부상조와 호국정신을 내세우는 전국 유일의 조직이었습니다. 저 역시 출근하면서 그런 기운을 매일 받습니다. 이웃과의 나눔, 국가를 위한 공익적 정신 말이죠.

15
"한번 해보자"

 대동학원의 원훈은 '최상을 위하여 최선을 다하자'입니다. 평범한 말 같아도 '광속도의 시대'를 사는 현대인들이 참으로 실천하기 어렵습니다.

 저의 장점은 어떤 상황에도 흔들리지 않으며 뚜벅뚜벅 걷는다는 것입니다. 교육 사업이 괜찮아졌을 때도 한 눈 팔지 않고 다른 사업에 투자하지 않고 오직 교육에 매달렸습니다.

 대학 졸업 직후 당시 '산업기지개발공사'에 취업했는데 경남 창원으로 발령 받았습니다. 첫 직장이어서 그런지 같은 과 직원들의 견제가 심했으며 그들이 조직의 단점을 자꾸 들추어내는 게 싫었습니다.

 우스갯소리지만, 그런 것에 아랑곳하지 않고 그 자리에 계속 있었더라면, 지금쯤 부동산 갑부가 되었을지도 모르겠습니다. 저는 더 높은 비약을 위해 30일 만에 사표를 내고 다니던 직장을 그만두었습니다.

제가 살아오면서 가장 최선을 다하지 않았던 때가 고교 시절이었던 것 같습니다. 당시 부산고는 서울대 진학 학생이 187명에 이를 정도였습니다. 놀기를 좋아해 공부를 하지 않아 건국대학교 행정학과에 입학했습니다.

행정고시를 준비하던 대학 2학년 때 아버지가 세상을 떠났습니다. 아르바이트를 하면서 공부를 계속 했고 더 공부를 하고자 부산대 일반대학원 행정학과에 입학했습니다. 학비를 위해 당시 첫 학원 강사직을 시작해 현재에 이르렀습니다. 그 학원은 고시학원이었는데 첫 강의가 영어 과목이었습니다. 이후 이직한 부산학원에서는 한국사 강의로 출발했으나 곧 사회과 선생님들이 파업을 일으켜 그 빈자리에 제가 정치와 경제, 윤리, 사회문화 과목을 그때부터 계속 가르쳐 왔었습니다.

처음에는 학생들의 반발도 있었습니다. 저는 위기를 기회 삼아 "한 번 해보자"하는 심정으로 열심히 배우면서 가르쳤습니다. 지금 생각하면 당시에 수업 교안을 준비하기 위해 밤을 지새운 날들이 허다했습니다. 생활비와 학비를 동시에 해결해야 한다는 부담감이 컸습니다. 그래도 학원 강사일 덕분에 동생들을 돌보면서 학업을 끝낼 수 있었던 것은 큰 보람으로 남아 있습니다.

　당시 부산의 학원 강사진들은 실력이 좋기로 전국적으로 정평이 나있었습니다. 저도 사회과목을 가르치면서 요즘 흔히 말하는 '일타 스타강사'가 되어 돈도 많이 벌었습니다. 정신없이 바쁘게 지내면서 젊은 시절을 보냈던 것이지요. 또 당시에 서울 지역 출판사와 연결돼 '예인 국민윤리'와 '예인 정치 경제'를 출판해 베스트셀러 대열에 오르기도 했습니다.

　지금까지도 가끔 중장년층 제자들이 안부전화를 하든지, 스승의 날에 간단한 선물을 보내면 교육자로서의 긍지를 느낍니다. 현재는 사교육의 대표적 학원인 대동학원과 은석학원을 운영하면서 어느 정도 사교육 사업을 궤도에 올려놓았습니다. 그러한 성공은 매순간을 낙관적으로 생각하며 순간에 최선을 다한다는 자세가 없었다면 불가능했을 것입니다. 그래서 학원 로비에 걸린 '최선을 다하자'란 액자는 지금까지도 저에게 힘과 에너지를 주는 경구이기도 합니다.

정치인으로서도 제 이름 석자 같이 긍정적인 전망을 늘 그리며 국민들에게 복을 선물하는 정치인이 되려 합니다. 어떤 좌절에도 굴하지 않은 채 '최선을 다할 것'은 현재도 제가 가슴 속 깊숙하게 간직한 인생 철학입니다.

대동학원이 자리한 곳은 170여 년 전 동래 계 모임에서 출발한 '기영회' 소유의 건물입니다. 그 역사적 의미가 참으로 깊습니다. '기영회'는 상부상조의 정신 외에도 호국정신을 내세우는 전국 유일의 조직이며 수익금으로 장학 사업을 펼치고 있습니다. 그 터전 위에 자리한 대동학원 학생들은 배려와 협동심, 애국심을 배운다는 상징성도 지니고 있습니다. 저 역시 출근하면서 그런 기운을 매일 받습니다. 이웃과의 나눔, 국가를 위한 공익적인 정신입니다. 저의 국회의원 도전도 기영회 정신과 무관치 않습니다.

대동학원 전경(1999)

부산대학교 일반대학원 행정학과 재학시 동료들과 함께

> 국세 항목인 소득세와 법인세의 일정 비율을 지방세로 전환하는 정책을 준비하는 데 의정활동에 역점을 둘 것입니다.
> 법인세 10~20% 가량을 지방세로 돌리는 법안을 상정해 지방 재정 수입원을 대폭 늘릴 방침입니다. 그 혜택을 동래구민들이 고스란히 받게 할 터입니다.

◆◆ 16 ◆◆
한국의 지방자치에 대해서

 현재 한국은 완전한 지방자치제가 아닙니다. 아직까지도 중앙에 예속된 상태입니다. 여기서 벗어나서 자율적이고 독립적인 지방자치 구현을 위한 온간 노력을 아끼지 않겠습니다.

 우선적으로 지방 재정자립도를 높이는 데 주력할 것입니다. 동래지역만 해도 재정자립도가 20% 안팎에 불과한 실정인 것으로 알고 있습니다. 동래구의 대표적인 세금 원천인 재산세 만으로는 재정자립도를 높이기가 불가능한 상황입니다. 지방세 비율이 너무 적어서 자치단체들이 총량이 정해진 중앙 교부금을 따내기 위해 혈전을 벌이는 사태까지 벌어지고 있습니다.

 여기에다가 각종 국책사업에서 예산을 따내도 지역의

성격과는 전혀 부합되지 않는 정책을 수행해야 하는 모순이 발생합니다. 지역을 '심부름센터'로 여기는 것이지요.

따라서 국세 항목인 소득세와 법인세의 일정 비율을 지방세로 전환하는 정책을 준비하는 데 의정활동에 역점을 둘 것입니다. 법인세 10~20% 가량을 지방세로 이전시키는 법안을 꼭 상정해 지방 재정 수입원을 대폭 늘릴 방침입니다. 그 혜택을 동래구민들이 고스란히 받을 수 있게 할 터입니다. 아울러 법인세 일정분을 지방세로 돌리면 지자체 역시 적극적인 기업 유치 활동과 지역 기업 살리기 정책에 매진하는 일거양득의 효과를 볼 수 있습니다.

그 다음으로는 중앙 정부의 간섭 없는 행정자치권 확대를 위해 다방면으로 노력하겠습니다.

TBN 교통방송에 출연

학원연합회 회장 재직시 국회 교육문화위원회 의원과의 간담회

❷ 살아 꿈틀거리는 생활정치를 향한 꿈

> 물은 낮은 곳에, 더 낮은 곳에 있다. 물을 내려다본다. 그것을 땅처럼, 땅의 일부분처럼, 흡사 땅의 다른 것인 것처럼 내려다보는 것이다. 물은 끊임없이 무너지며, 매 순간 형태를 포기하고, 스스로를 낮출 생각을 하며, 땅바닥에 배를 깔고 엎드린다. 더욱 더 낮아질 것, 그것이 좌우명인 것 같다. '아' 기체에서 액체로, 또 고체로 자유자재로 모습을 바꾼다.

— 메를로 퐁티(철학자)

17

지혜와 경륜의 정치판 사용법

여태껏 살아오면서 제 경륜을 바탕으로 많은 학생들을 가르쳐왔습니다. 그러면서 학원을 설립해 종합소득세를 성실히 납부해왔습니다. 사교육 사업을 하면서 어떤 경우에는 경찰과 검찰, 국세청 조사를 받기도 했습니다. 그 과정에서 느끼는 권위주의, 규제, 위압감은 일반 국민들의 평범한 감정들과 크게 다르지 않을 것입니다.

국회의원들은 선거 때에는 구민들의 노예와 심부름꾼을 자처하다가도, 선거가 끝나면 태도가 돌변해 구민들을 오히려 노예와 심부름꾼으로 삼는 비양심적, 비윤리적 정치 행태는 더 이상 존재해서는 안 될 것입니다.

저는 동래 지역에 오래 동안 터전을 잡은 뿌리 깊은 지킴이로서 지역 현안들과 구민들의 희노애락들을 잘 압니다. 또한 구민들과 적극 소통하며 공감하는 능력도 가지고 있습니다. 선거를 위한 캠페인용이 아닌, 진정으로 '구민들을 위한, 구민들에 의한, 구민들의 정치'를 실현하고 싶습니다.

선거 때가 되면 홀연 나타나는 철새가 아닌, 주민들과의 생생한 관계 속에서 깊은 유대감을 쌓아 왔습니다. 동래 지역에 정착하면서 지역 혜택을 누구보다 많이 받은 만큼, 인생의 후반전은 '받은 만큼 돌려줘야 한다'는 생각은 분명하게 가지고 있습니다.

구민들과 진정으로 소통하며 위로를 건네주는 공감의 정치인이 되고자 합니다. 전체 사물을 못 머리로 생각하면 망치를 꺼내들 것이고 전체 사물을 꽃 봉우리로 여기면 물뿌리개를 꺼낼 것입니다. 저는 언제든 구민들의 내면의 꽃밭에 행복의 물뿌리개를 되어드릴 준비가 돼 있습니다.

그 물뿌리개가 되어 '희망과 행복의 정치'를 활짝 꽃피우고 싶습니다. 희망과 행복의 정치는 뙤약볕 아래의 나무 그늘과도 같은 존재들입니다. 국민들은 그늘이 가능하면 자기 가까이 있게 하기 위해서 스스로 물을 주고 또

가꿉니다. 그늘의 시원함을 안다면 기꺼이 또 다시 나무 한 그루를 심으려고 합니다. 그렇게 하게끔 도우는 게 정치인의 역할이입니다.

 우리 정치인들이 국민들 가까이 있는 시원한 그늘이 되어주지 못하고, 국민들이 오르기 어려운 저 산 너머에 나무들을 심은 것은 아닌지 살펴봐야 합니다. 위에서 아래로 향하는 의사소통 구조가 아닌, 아래에서 자발적으로 움트는 희망의 씨앗들에 단물을 촉촉하게 뿌려주는 정치인이 될 것을 스스로에게 다짐합니다.

> 대체로 어진 사람은 자기가 서고자 할 때 남이 서게 해주며, 스스로가 이루고자 할 때에 남이 이루게 해준다.
> 가까이 자기에게서 취하여 비추어 보아 남을 이해할 수 있다면 그것이 인(仁)을 실천하는 방법이다.
>
> — 논어

✦✦ 18 ✦✦
'구민 밀착형 정책들'과 스킨십

 어떤 생명체도 피부 안에 갇혀 살 수 없습니다. 불소통은 피부 안을 자기생명체로, 그 밖을 타인 생명체로 규정 지으면서 발생하는 현상입니다. 안에 있어도 자기 삶과 관련 없는 게 있는가 하면, 밖에 있어도 삶과 밀접한 관련(공기, 음식, 펜, 가구, 망치, 재산, 친구)들이 있는 게 있습니다.
 저는 스스로 정한 고정화된 틀 속에 저를 가둘 생각은 추호도 없습니다. 게다가 정치인이라면 더 그렇게 해서는 안 될 것입니다. 저는 원래 성격이 꾸밈이 없고 소탈한 편입니다. 형식에 구애받지 않고 구민들과 가급적 많이 만나며 소통을 해서 구민들이 진정으로 필요한 것들이 무엇인지를 파악하고 적극적으로 그 해답을 피드백하는 실천적인 정치인의 모습을 지향합니다.
 지역과 깊숙이 밀착하며 친서민적 행보는 저에게 체득

된 것들입니다.

 현재 동래구발전협의회 회장을 맡으면서도 동일화된 구성원들 속에서 '가공의 소통'을 하고 있는 것은 아닌지 반성하곤 합니다. 과연 진정으로 누구를 위한 소통인지 이따금 되돌아보는 것입니다. 구민들을 위한 공적인 커뮤니케이션이 이뤄질 수 있게끔 최선을 다하겠습니다.

 또 행정편의주의란 지레짐작의 탁상형 정책이 아닌, 주민들이 진정으로 원하며 필요로 하는 정책들을 내놓을 계획입니다. 가끔 국회의원들의 공약과 구청 정책들을 살펴보면 구민들의 실생활과 전혀 와 닿지 않는 '가상의 기획'들이 부지기수란 사실을 발견합니다. 따라서 일차적으로는 주민들의 의견을 진중히 듣고 경청하는 자세가 필요합니다. 그 다음에 여러 이해 관계자들의 의견을 종합해 설득과 타협을 이끌어 내 최종적으로 정책을 생산하는 게 중요합니다. 그러기 위해서는 구민들과 적극 소통해야 할 것입니다.

 예를 들면 국회의원의 대표적인 활동 가운데 하나인 의정보고회도 절대 소홀하지 않을 것입니다. 기존제도권과의 소통 방식으로는 관내 구청장, 교육청장, 국세청장, 경찰서와 소방서장, 시의원 및 구의원과의 만남을 분기

별 내지는 연 2회 정도 상설화시켜 지역 현안들에 대해 끊임없이 토론할 것입니다. 또한 지역 원로들의 경험도 중요한 만큼 원로회의, 동래구 의정 동호회, 그리고 통장연합회 모임 같은 모임도 활성화시키려 합니다.

비제도권 단체 회원들과의 소통으로는 3대 국민운동단체인 새마을협의회, 바르게살기 운동본부, 자유총연맹 같은 단체들과도 적극적으로 소통하겠습니다. 또 안락서원, 동래향교 관계자들은 물론, 청년연합회와 여성연합회와도 수시로 만나서 다방면의 의견을 들을 것입니다.

이러한 소통 외에도 지역 내에서 정서적으로 소통하는 방안도 적극 강구할 것입니다. 좁은 지역에서 적지 않은 분열과 반목이 존재하는 것을 발견합니다. 이는 지역의 건전한 성장에 엄청난 방해 요인으로 작용하고 있습니다. 모정치인의 계파인가, 반대파인가에 의해 '이쪽과 저쪽'을 구분해 서로를 비난하며 공격하는 비생산적 현상이 이어지고 있습니다. 구청장도 매번 바뀌어 행정의 일관성을 잃어 정작 구민들은 매우 혼란스럽습니다. 정책을 두고 토론하며 논쟁을 벌이는 것이 아닌, 자기 안위와 경제적 이익을 위해 싸우는 모습은 그야말로 꼴불견입니다. 앞으로는 현명한 구민들이 이를 용납하지 않을 것으로 예상합니다. 저는 대인과 같은 큰 스케일의 정치를 펼치려 합니다. 그 스케일은 사나운 근육질을 자랑하며 목청을 한껏 높이는 게 아닌, 배려와 소통, 공감의 정치입니다.

학원연합회 회장 재직시
교육감 후보 정책토론회 개최

일년을 마감하는 평생교육인 시상식

❷ 살아 꿈틀거리는 생활정치를 향한 꿈

> 저는 해보지도 않고, 생각해 보지도 않고
> "저는 못 합니다" "그것은 안 됩니다"
> "그것은 효과가 없습니다"라는 말을
> 매우 싫어합니다.

3

뚝심과 열정의 인생

" 인생의 습관과 믿음이/ 때로 나의 눈을 가려/ 그대가 내 곁에 있다는 것도/ 깨닫지 못하고 있는 나/ 고동치는 내 심장을 깨닫지 못하듯/ 갑자기 그대가 내 눈앞에서 환하게 빛나네/ 낭떠러지 끝에서 피어난 황야의 장미 같이/ 우아한 아름다움과 광채의 덤불 속에서/ 어제는 다만 어둠 속에 묻히고/ 다시 한 번 나는 운이 좋은 남자요./ 이전에 선택한 그대를 다시 선택했으니

– 웬델 벨리 (시인) "

✦✦ 01 ✦✦
유년기와 청소년기

 저는 경상남도 김해시 진영에서 태어났습니다.

 3남 2녀 중 차남이었습니다. 아버지는 초등학교 교직생활을 오래 동안 하셨습니다. 저는 학교에서 공부를 잘한다는 이야기를 많이 들어 부산중학교 진학을 목표로 공부를 했습니다. 당시 부산 인근의 지역에서는 어지간히 성적이 좋은 학생들은 부산중·고 아니면 경남중·고에 입학하는 게 최우선 목표였습니다.

 저희 집안 남자 3형제 전부는 부산고를 졸업했습니다. 형님은 정해진 코스대로 부산중학교에 입학해 부산고를 거쳐 서울대에 진학을 했습니다. 바로 밑의 여동생은 이화여대 수학과를 졸업하고 카이스트에 근무하다가 결혼을 했습니다. 그리고 막내 여동생은 어릴 적 심한 열병으로 뇌에 이상이 생겨 경미한 지적장애를 가지고 있습니다.

저는 부산중학교 입시에 한 번 떨어졌습니다. 우연찮게 김해 진례중학교에 자리가 비어 있어 진례중학교에서 열심히 공부를 하며 졸업을 하고 부산고등학교에 입학했습니다.

초등학교 시절, 옆집 친구와 재기차기 승부 내기를 한 적이 있습니다. 이긴 사람이 몇 백 원 정도를 받기로 한 내기였던 것 같습니다. 저는 승부욕심이 강해 최선을 다했지만 결국 내기에 지고 말았습니다. 어떻든 약속은 지켜야 했는데 수중에 돈이 한 푼도 없었습니다. 친구에게 "나중에 꼭 갚아줄게." 약속했습니다. 그 친구도 그냥 장난삼아 한 내기였으니 평소에 잊어버리고 있었던 것 같았습니다. 어릴 적부터 아버지가 강조하신 '신뢰'란 단어가 뇌리에 박혀 너무 스트레스를 받았습니다. 그래서 몇 달 동안에 걸쳐 용돈을 모아 겨우겨우 약속을 지켰습니다. 그것을 전해 받은 친구가 깜짝 놀라는 표정이 아직도 생생합니다.

또 당시 진례중학교는 사립학교였습니다. 재단이사장과 선생님들과 갈등이 있었는데 모 선생님이 시위 주도를 했습니다. 그 선생님이 학생회장을 맡고 있는 저에게 다가와 "학생회장으로서 영향력을 행사해 학생들이 시위에 함께 참가하라"고 권유했는데 저는 고민 끝에 응하지 않았습니다. 어린 제가 당시 생각하기로는 선생님들의 데모가 명분이 없다고 여겼던 게 큰 이유였습니다. 어린 학생으로서는 당시 하늘같은 선생님의 말을 거절하기란 쉬운 일이 아니었는데도 저는 그렇게 했습니다.

어릴 적부터 "정치인이 돼야 하겠다"는 막연한 꿈을 가지고 있었습니다. 그래서 당시 존경했던 미국의 존 에프 케네디 대통령과 관련된 책들을 탐독하기 시작했습니다. 케네디 대통령의 멋진 모습과 신뢰감, 강력한 결단력들이 너무 멋지게 느껴졌습니다. 그는 핵전쟁 발발 직전 쿠바 사태를 극적으로 해결해 인류를 핵전쟁 위험으로부터 구한 영웅이었습니다.

정치인으로 성공하기 위한 '로드맵'을 일기에 일일이 적었습니다. 중학교 2학년 연말에는 기성 정치인들의 흉내를 내면서 아는 친구와 친척들 전부에게 저를 알리기 위한 새해 연하장을 돌린 기억도 새롭습니다.

중학교 학생회장 선거에서도 누가 시키진 않았지만, 확실한 당선 목표를 정하고 늘 자기암시를 꾸준히 주었습니다. 늘 정해진 목표를 가슴에 되새기며 하루에 열 번 이상도 더 "난 할 수 있어" "난 꼭 해내야 해" "내가 아니면 누가 한단 말이야"라는 자기 암시를 했습니다. 그 결과 학생회장에 당선돼 친구들과 즐거운 추억들을 많이 공유했습니다.

 또 영웅 이순신 장군을 매우 존경했습니다. 원균의 모함으로부터 풀려났을 당시에 남은 배는 겨우 12척 뿐이었습니다. 이것이 바로 그 유명한 명량 대첩입니다. 겨우 12척의 배를 가지고 일본 3백 척과 싸우는 것을 두려워했다면, 빨리 도망치고픈 싶은 생각 밖에 없었을 것입니다. 그런데 이순신 장군은 "아직도 내게 12척이 남았구나." 하며 결의를 다지면서 전열을 가다듬고 승리를 했습니다. 일본군은 이순신 장군 이름 석 자에 벌벌 떨면서 갑자기 오합지졸이 돼 대패를 당했습니다.

 어릴 적에 "어떻게 목숨이 달린 절체절명의 순간에, 그것도 턱없이 부족한 전함을 이끌고 태연하게 결단을 내릴 수 있을까"는 생각으로 위인전이 너무 비현실적으로 느껴지기도 했습니다.

 이순신 장군의 애국심, 두려움에 떨지 않는 용맹심과 여유, 포기하지 않는 낙관적인 생각은 저에게 큰 자신감을 심어 주었습니다.

저는 아버지 영향을 많이 받았습니다. 아버지는 "그가 있을 때 그를 존경하며, 그가 없을 때는 그를 칭찬하며, 그가 어려울 때 그를 도와라"며 항상 말씀하셨습니다.

이 글귀를 집안의 가훈으로 삼아 액자에 걸어놓았습니다. 거친 경쟁사회에서 살아남기 위한 과정에서 이 말을 행동으로 실천하기에 쉽지는 않았지만 가능하면 지키려고 노력했던 게 저에게 큰 자산이 되었습니다.

지금까지도 남이 없을 때 다른 사람을 잘 비난하지 않습니다. 오히려 누군가를 칭찬하면 그 말이 전해져 상대방이 감동을 받는 경우도 있었습니다. 또한 상대가 어려울 때 도우면, 그 기억이 가장 강렬하게 오래 남는 경우를 많이 봤습니다.

아버지가 평생 살아오시면서 체득한 것을 제가 자연스레 배웠으니 이 이상으로 좋은 유산이 어느 곳에 있을까요?

어머니는 제게 인내심, 진지성과 겸손을 제 인생의 가치로 삼으라고 말씀하셨습니다. 어떤 어려운 순간도 참고 인내하면 좋은 순간들이 꼭 온다는 것을 강조하셨습니다. 또 매사에 태도가 참되고 착실하게 지내라고 당부했습니다. 공부할 때도, 선생님을 대할 때도, 수업시간에도, 사람을 만날 때도 늘 진지하란 것이었습니다.

살아오면서 조금 정신이 흐트러질 때는 엄숙한 아버지의 얼굴을, 삶이 고달프고 힘이 들 때는 자애로운 어머님의 얼굴을 늘 떠올리면서 삶의 지침과 위안을 삼습니다.

부모님이 낳아주신 몸을 온전하게 지키며, 남에게 손가락질 받지 않고, 착한 일을 쌓으며 출세를 해 부모님이 지어주신 소중한 이름을 드높이는 게 효의 시작과 끝이란 사실을 늘 되새김질 합니다.

어머니는 제게 인내심, 진지성과 겸손을
제 인생의 가치로 삼으라고 말씀하셨습니다.

> 우리 같이 작은 존재는 오직 사랑으로써 그 광대함을 견뎌낼 수 있다. 광막한 공간과 영겁의 시간 속에서 행성 하나와 짧은 순간을 그대와 공유할 수 있음은 나에게 커다란 기쁨입니다.
>
> — 칼 세이건 (우주학자)

02
아버지에 대한 존경심

  아버지는 일본 유학을 다녀오신 후 한국 학교에서 30여 년 동안 교편을 잡으셨는데 58세에 고혈압으로 세상을 떠나셨습니다.

  아버지가 가장 중요시하셨던 것은 '신뢰와 정직'이었습니다. 그 계기가 있습니다. 한국에서 교사 생활을 하기 위해 일본 유학 경력을 이력서에 넣으려고 했는데 일본 대학 졸업장이 분실된 것입니다. 부랴부랴 일본 지인들에게 편지를 띄워 졸업장을 부쳐달라는 부탁을 했다고 합니다. 그런데 일본 학교가 재정난으로 없어졌다는 게 문제였습니다. 그래도 지인들로부터 "어떻게 해서든지 졸업장을 찾아서 부치겠다"란 말을 들었다고 합니다. 아버지는 거기에 대해 약간 의구심을 가지면서 거의 포기 상태에 있었습니다.

폐교된 학교. 그것도 남의 일인데도 불구하고 일본 지인들이 과거 졸업 기록을 어렵게 찾아내 국제우편으로 발송했더란 것입니다. 그것을 받은 아버지는 너무 기뻤고 어렵게 찾은 대학 졸업장을 국내 이력서에 넣을 수 있었다고 합니다. 그 결과 한국에서 교직을 무사히 구할 수 있었습니다. 아버지는 깊은 감명을 받았다고 합니다. 기대도 안 했던 졸업 증명서를 받고는 그 후부터 '신뢰의 중요성'을 평생 가슴에 달고 사셨습니다.

아버지는 또 매우 정의롭고 엄격한 분이었습니다. 비정상적인 절차에 의해 정권을 잡은 비민주적 군사정권에 대해 늘 '반골'이었습니다. 자유당 시절에 아버지는 현재의 교원노조와 비슷한 형태의 조직 활동을 하신 것 같았습니다. 세상을 떠나신 후 어떤 지인으로부터 들은 이야기인데, 군사정권 경찰로부터 "노조를 탈퇴하지 않으면 너를 죽이겠다"라며 권총까지 들이댄 사건이 있었다고 합니다. 그러자 아버지는 "차라리 죽여라."하며 버텼다고 합니다. 그 정도로 강직한 분이었던 것이지요.

현실과 적당히 타협하셨다면, 승진도 빨리해서 가족들 고생도 덜 시켰을 텐데 말이죠. 저는 아버지 가치관, 즉 신뢰를 중요시하고 타협하지 않는 성격을 물려받았다란 생각을 합니다. 그래서 늘 학생들에게 신뢰의 중요성에 대해 가르쳤고 학원 선생님들에게도 '삼사일언'(三思一言, 한 번 말하기 전에 세 번 생각하기)의 철학을 가지기를 당부했습니다.

우리 정치권도 신뢰를 줄 수 있는 정치가 되었으면 좋겠습니다. 정치인의 말에 일단 의심부터 하며 '숨은 뜻은 무엇일까?' 하는 것은 사회적으로 좋지 않은 영향을 끼칩니다. 한 번 내 뱉은 말은 절대 거둘 수가 없고, 돌아올 때는 부메랑이 되어 스스로를 다치게 합니다.

어쩔 수 없이 거짓말을 하고 싶은 경우가 있으면, 저는 늘 아버지 말씀을 떠올립니다. 거짓말은 신뢰를 상실케 해 스스로에게도 절대 도움이 되지 않습니다.

> 인생에는 세 가지의 싸움이 있다.
> 첫째는 자연과 인간의 싸움,
> 둘째는 인간과 인간의 싸움,
> 셋째는 자기와 자기와의 싸움이다.
>
> - 버트란트 러셀

03
고교시절의 방황과 대학 입학

 저는 한참을 공부해야 할 중요한 고교 시절에는 공부를 많이 하지 않았습니다. 지금 생각하면 방황도 하며 놀기도 많이 놀았습니다.

 어릴 적에는 그렇지 않았습니다. 누구로부터 물려받았는지는 모르겠지만, 어떤 근성 같은 게 세포에 각인된 것 같습니다. 끝까지 물고 늘어지는 성격이어서 뭔가 모르는 게 있으면 밤을 새워서라도 알려고 해 밤잠을 설치는 경우도 가끔 있었습니다. 다음 날에도 해결이 되지 않으면, 학교 선생님께 달라붙어서 해결을 하곤 했습니다.

 그런데 고교 시절에는 그런 총명함이 감쪽같이 숨어버렸습니다. 즉, 버트란트 러셀이 말한 자기와의 싸움에서 패배한 것이지요. 러셀은 "인생에는 세 가지 싸움이 있다. 첫째는 자연과 인간의 싸움, 둘째는 인간과 인간의 싸움, 셋째는 자기와 자기와의 싸움이다."라고 강조했습니다.

고교 시절에 전국적으로 고교야구가 크게 인기가 있었습니다. 제가 다니던 부산고도 야구 명문이어서 야구 경기 응원과 관람을 무척 좋아했습니다. 당시 학교 수업을 빼먹고 야구경기를 관람하러 몰래 서울로 간 적도 있었습니다. 그런데 하필, 야구 중계 카메라에 제가 찍혀 선생님에게 혼났던 기억을 떠올리면 지금까지도 살짝 웃음을 머금게 합니다. 어떻든 저로서는 낭만적인데, 선생님과 부모님 입장에서는 머리 지끈거리게 하는 학생이었습니다. 그렇기는 해도 당시에 함께 학교를 다닌 친구들은 저의 정의감과 배려심을 높이 평가해 지금까지도 교류하면서 중요한 자산으로 남아 있습니다.

대학에 입학하기 전 먼저 군대 입대를 했습니다. 그런데 갑자기 몸이 좋지 않아 군번도 받기 전에 집으로 돌아왔습니다. 그 후 건국대 행정학과에 입학했습니다. 아버지의 꿈이 "집안 남자 3명 중에 교육자 한 명, 법관 한 명, 기업인 한 명을 배출하는 것"이었습니다. 큰형은 서울대 사범대를 졸업해 국어교육과 선생님이 되었고, 저는 실패했지만 고시 공부를 했고, 동생은 성균관대 경영학과를

부산고등학교 재학시절

졸업합고 현대자동차와 증권회사에 다녔으니 얼추 아버지의 희망에 근접했다고 볼 수 있습니다. 제가 대학교 2학년 무렵, 고시공부를 하는 도중에 아버지가 갑자기 세상을 떠났습니다. 차남이지만 책임감을 많이 느꼈습니다. 동생들 학비를 마련하기 위해 이런저런 아르바이트도 많이 해봤습니다. 그러는 와중에 고시공부는 결국 포기를 했습니다. 우여곡절 끝에 대학을 졸업한 후에는 '산업기지개발공사'에 입사했습니다. 하지만 저와 성격이 잘 맞지 않아 한 달도 안 되어 퇴사를 해버렸습니다.

> 누가 구별할 수 있을까. 이제
> 좋은 것들과 안 좋은 것들을
> 제 땀방울로
> 곡식의 갈증을 달래는 저 사내들
> 제 젖으로
> 인간의 뼈를 살찌우는 저 여인들
>
> — 토마스 레인 크로우 (생태주의자)

◆◆ 04 ◆◆
학비를 벌기 위해 시작한 사설학원 강사

　회사를 퇴사후, 대학원에 입학하고 학비를 벌기 위해 본격적으로 학원 강사 생활을 시작했습니다. '강의를 어떻게 잘 할 까' 고민도 많이 하면서 잠을 제대로 못 잔 경우도 많았습니다. 처음에는 학생들로부터 인정받지 못한 강의도 있어 강의 방법론에 관한 공부도 무수히 했습니다. 그런 노력 끝에 차츰 인정을 받기 시작하면서 요즘 흔히 말하는 '일타 강사'가 되었습니다. 새벽 5시 30분부터 밤 10시까지 목이 쉴 정도로 열정적으로 가르쳤습니다. 지금까지도 중장년층 분들 중에서는 저를 '스타 강사'로 기억하는 분들이 제법 있습니다.

　저의 노력과 열정 덕분인지 강의를 듣기 위해 학원에 긴 대기 줄을 설 정도였습니다. 당연히 학원 경영주도 저를 놓지 않기 위해 좋은 조건을 계속 제시했습니다. 열심히 일하며 끈기 있게 추진하고, 부지런히 일하는 습관은 아직도 제 몸에 그대로 배어 있습니다.

 당시에 정치, 경제, 국민윤리 과목을 가르치면서 교과서 내용과 현실 정치판이 정반대였기에 많은 어려움을 겪었습니다. 살벌한 군사 정권 시절이어서 가끔 말조심도 해야 했습니다. 정치와 교과서 간의 불일치, 공정하지 않는 정치를 미래의 청소년들에게 가르치려 하니 기성세대로서 부끄럽기도, 미안하기도 했습니다. 그런 안타까운 상황들은 어릴 적에 늘 품었던 정치인의 꿈을 다시 떠올리게 해 주었습니다.

 이후, 저의 이름이 제법 알려지자 부산 양정의 모 학원으로부터 좋은 조건의 스카우트 제의를 받을 수 있었고, 학원의 이사 겸 대표 강사 생활이 시작되었습니다. 그런데 경영 경험이 거의 없는 선생님들이 이사진을 꾸리고 있어서 체계적인 경영 전략과 방침이 없어서 실망 또한 많았습니다. 서로 간의 의견 차이도 많아 다투기도 했습니다. 결국 '혼자 한 번 학원을 경영해보자'라며 홀로서기 결심을 했습니다.

학원강사 시절

> 선생님은 정답이 없는 절망 속을, 해결이 없는 배회 속을 얼마만큼 멋지게 견뎌낼 수 있었는지를 나타내는 사람이다.
> 좋은 선생님이란 허우적대면서도 격이 있고, 자빠지면서도 멋이 있다.
>
> – 김영민 (철학자)

05
대동학원의 운영과 성공

  1992년 동래에 정착해 경영이 부실했던 모 학원을 인수하면서 부터 현재의 대동학원을 독립적으로 운영하게 되었습니다. 인수된 학원은 재수생 중심 학원이었는데, 재정 상황이 너무 좋지 않았습니다. 당시 부산 지역 학원들은 우수한 강사진들이 많아 대략 1천명에서 2천명 정도의 수강생들이 청강하면서 사설 학원들이 큰 인기를 누렸습니다. 그런데 인수한 학원은 수강생이 불과 30명도 채 되지 않아 부실 정도가 컸습니다.

  지금 생각하면, 참으로 도전적이며 위험한 결정이었습니다. 그런데 뚝심으로 '한 번 해보자, 파이팅!'이란 신념으로 밀어 붙였던 기억이 새롭습니다. 당시 학원 건축물 소유주는 일제 강점기 저항정신의 상징이었던 재단법인

'동래 기영회'였습니다. '기영회'는 독립군 군량미와 운동자금 지원, 교육운동, 각종 장학사업과 사회사업을 통해 호국 정신을 함양하던 유서 깊은 단체였습니다. 현재까지도 임대 수입으로 다양한 장학 사업을 펼치고 있습니다. 거기서 학원을 연 이유는 사업적 목적 외에도 이 같은 교육적 요인도 컸습니다.

학원 이름도 대동(大東)학원으로 지었습니다. 대한민국을 이끌 인재들을 육성한다는 의미입니다. '호국과 저항'의 터전에서 교육 사업을 본격적으로 시작할 수 있었던 것은 저로서는 큰 행운이었습니다.

수강생 30명에 불과하던 학원을 이 정도의 규모로 성장시킬 수 있었던 것은 선배들의 기운 덕택이 아닌가 하는 생각도 해봅니다. 제가 국회의원에 도전할 수 있는 용기를 준 원천도 매일 출근하면서 호국과 저항의 정신을 새길 수 있었던 힘 덕분일지도 모릅니다.

저는 대동학원을 운영하면서 전근대적인 학원 경영 방식에서 벗어나고자 열심히 노력했습니다. 기업 경영 같이 장기적이며 체계적인 경영 시스템을 구축했습니다. 그러자 개원 2년 후에는 학생들이 몰려들기 시작했습니

중국 길림대와 대동학원의 업무협약식

다. 학기 개강 전에는 수강표를 끊기 위해 학원 근처에서 밤샘을 하는 학부모들도 있을 정도의 진풍경이 펼쳐졌습니다.

저는 여기서 큰 자신감을 얻었습니다. '도전이란 참으로 아름다운 단어'임을 깨달았습니다. 또한 단순히 도전으로 끝내는 게 아닌, 도전에 대한 체계적이며 장기적인 계획을 세우는 것도 그에 못지않게 중요하다는 사실을 깨달았습니다.

> 내가 세상에 미소 지으면 세상도
> 나에게 미소 짓습니다.
> 내가 세상에 얼굴을 찌푸리면 세상도
> 나에게 얼굴을 찌푸립니다.
> 내가 부드럽게 세상을 대하면 세상도
> 나에게 정답게 노래를 해 줄 것입니다.

✦✦ 06 ✦✦
긍정적 사고와 낙관적인 전망

 에머슨은 "사고는 행동의 씨앗이다"라고 했습니다. 바꾸어 말하자면 어떤 사람의 행동을 보면 그 사람의 사고방식을 알 수 있다는 것입니다. 저는 해보지도 않고, 생각해 보지도 않고 "저는 못 합니다" "그것은 안 됩니다" "그것은 효과가 없습니다"라는 말을 매우 싫어합니다. 그 사람은 의식 구조 자체가 부정적이란 증거입니다. 당연히 해야 할 일을 자꾸 부정적으로 생각하면, 타인에 의해 결국 강요를 당하게 되며 능률도 오르지 않고 즐겁지도 못합니다.

 자신감이란 자기 스스로를 믿고 존중하는 것입니다. 역사적으로도 각 분야에서 성공한 인물들은 자기 일에 대한 자신감과 신념이 투철한 자들입니다. 나폴레옹 같은 인물은 확고한 신념의 소유자로 알려져 있습니다. 주위에서 도저히 불가능하다고 생각한 일들을 이뤄냈습니다. "불가능은 없다"란 말은 참으로 그에게 적합한 말입니다.

또 내가 세상에 미소 지으면 세상도 나에게 미소 짓습니다. 내가 세상에 얼굴을 찌푸리면 세상도 나에게 얼굴을 찌푸립니다. 내가 부드럽게 세상을 대하면 세상도 나에게 정답게 노래를 해 줄 것입니다. "어이" 하고 부르면 "왜 그래" 하며 퉁명스럽게 답할 것입니다. 내가 세상을 사랑하면 세상도 나를 사랑해줄 것입니다. 내가 세상을 시시하다고 여기면 세상도 재미없는 일들을 보여줄 겁니다. 내가 친구를 사랑하면 친구도 나를 사랑해 줄 겁니다. 내가 선생님을 존경하면 선생님도 나를 존경할 것입니다. 내가 세상에 아무 것도 주지 않으면 세상도 나에게 아무 것도 주지 않습니다.

이렇게 나의 세상에 대한 낙관과 긍정은 세상의 사랑으로 돌아왔습니다. 학생들을 진정으로 위하면, 그들도 선생님들을 진정으로 대한다는 사실도 터득했습니다. 예를 들자면, 대동학원 구내식당은 '대동 맛집'으로 알려질 정도로 음식 질과 위생, 영양가가 훌륭하다는 평판이 많습니다. 다른 학원은 인건비와 보험료를 아끼기 위해 위탁을 하는 데 비해 저희는 입시를 앞둔 학생들의 건강을 위해 직영 운영 방법을 선택했습니다. 그것이 학생들을 진정으로 대하는 것이죠. 식당으로 식사를 하러 오는 학생들 표정은 흡사 집 밥을 먹는 것 같이 편안해 보였습니다.

김해 기숙학원인 은석학원에서도 각종 시험을 치고 나면 삼겹살 파티를 개최합니다. 학생들 스트레스도 풀 겸 학생과 선생님들 간에 서로 사제지간의 정을 다집니다. 또 수능 백일 전에는 특식을 제공하며 각종 수능 이벤트도 벌입니다. 30여 년 넘게 학원 사업을 해오면서 많은 에피소드를 가지고 있고 많은 자긍심 역시 있습니다.

제가 학원 경영에 성공할 수 있었던 것도 매사를 낙관적으로 판단하는 선천적 기질을 가진 덕분입니다. 저는 어려울 때, 새로운 전략이 필요할 때, 격한 감정에 쌓여 있을 때 공자의 '논어'를 늘 반복해 새겨 읽곤 합니다.

공자는 "다른 사람들이 나를 알아주지 않더라도 화내거나 하는 부정적 감정에 휩싸이지 않아야 진정한 군자"임을 말했습니다. "기뻐하고 즐거워하는 것이 군자의 진정한 모습이며, 타인과의 인간관계에서 부정적인 감정을 느끼지 않아야 군자"라고 했습니다.

공자는 수천 년 전에 리더십의 본질이 행복과 긍정적인 감정에 기반을 둔 인간관계에 있다는 것을 이미 알았던 것입니다. 훌륭한 리더가 된다는 것은 자기 스스로가 행복해 다른 사람을 행복하게 해준다는 것과 같은 뜻입니다.

동래발전 협의회 정기총회(2022)

> 축구에서 에베레스트 산 같은 키 크고 덩치 큰 선수에 밀리지 않는 전략은 공간을 적절히 활용하는 '패스 축구'입니다.
> 지역공동체도 정치인들이 솔선수범하면서 힘겨운 이웃에 '사랑과 연대의 패스'를 건네는 게 핵심입니다.

07
자양분이 된 다양한 지역 봉사활동

 누구든 선물을 줘본 기억은 있을 것입니다. 물론 선물을 받았을 때 역시 행복해도, 선물을 먼저 줘서 갖게 되는 행복과는 차원이 다른 것이란 것을 느낍니다. 이것이 바로 사랑하는 사람이 생기면, 뭐든 주고 싶어지는 심리가 아닐까요? 저는 봉사활동 역시 타인에게 아낌없이 주는 선물이라고 생각합니다. 주는 사람과 받는 사람이 전부 행복한 행동입니다.

 저는 동래구의회 부의장을 지낸 한 친구의 권유로 자유총연맹 동래구지부에 가입하면서 본격적으로 봉사 활동을 시작했습니다. 처음에는 운영위원을 맡았고 그 후 2001년에는 3년 임기의 회장직을 맡았습니다. 저의 능력과 활동성을 인정받아 임기 기간 중에 연임 제의를 받앉습니다. 그런데 저는 사양했습니다. "어떤 조직이든 간에 사람이 바뀌어야 한다"는 신념이었습니다. 어떻든 그 기간 동안 참으로 많은 주민들을 만나며 소통하면서 지역의 많은 현안들을 알 수 있었던 것은 다행이었습니다.

또 대동학원 국사 선생님의 권유로 참여자치시민연대 후원이사로 활동했습니다. 2000~2001년에는 한국보이스카웃부산연맹 부위원장을 지내기도 했습니다.

또 2004년부터는 한나라당 중앙위원회 동래지회장을 역임했습니다. 당시 한나라당 전국모임에도 참석했는데, 체계적인 조직 운영 시스템이 제대로 갖추어지지 않은 것을 발견했습니다. 그 원인을 다각도로 분석하면서 동래구지회에는 운영 방식에 변화를 주기도 했습니다. 당원들의 반응도 좋았습니다.

현재는 동래구발전협의회 회장을 맡아 동래구 발전에 도움이 되고자 주어진 역할에 최선을 다하고 있습니다.

저는 이러한 다양한 봉사 활동을 통해 구민들의 희망이 어떤 것인지에 대해서도 잘 알게 되었습니다. 지역 국회의원 입법 활동과 구청 행정이 구민들과 궁합이 맞아야 하는데, 대개가 그렇지 못하다는 의견들과 불평들이었습니다. 또 대다수 정책들이 주민들은 소외된 채 관 주도적으로 일방적으로 집행된다는 것이었습니다. 즉 '기획을 위한 기획'과 주민들 실생활과는 아무런 연관이 없는 '가공의 정책'들을 남발한다는 것이었습니다.

현장 주민들의 목소리를 경청하면서, 아직까지도 한국의 지방자치체가 미완의 단계이며 그에 따른 주민자치제가 요원하다는 사실도 깨달았습니다. '가공의 소통'과 '인위적 소통'의 피해가 주민들에게 고스란히 돌아오는 현실이 안타까웠습니다. 제가 정치를 결심하게 된 이유도 이러한 목소리들을 너무 생생하게 들어서입니다.

아직까지도 국회의원들은 당리당략과 개인 이해관계에 의해 파탄난 민생 현장을 외면하고 있습니다. 많은 서민 경제 입법, 안전 입법, 흉악 범죄 예방 입법들이 국회에서 낮잠을 자고 있는 현실입니다. 이를 정치용어로 '비결정의 정치' 즉, '결정하지 않는 정치'라고 부릅니다.

국회의원들의 가장 중요한 활동인 입법 활동이 제대로 이뤄지지 않는다면, 국회의원은 직무유기를 하고 있는 것입니다. 서민들의 팍팍한 삶을 목격하고 있으면서도 긴요한 법들이 입법화 되지 않는다는 것은 인간적으로도 그럴 수는 없습니다.

저는 주민들과 접촉하면서 그들의 눈높이에 맞춰 가장 상식적인 정치 활동을 할 것입니다. 그것이 가장 유능하고 성공한 정치인이라고 믿습니다. '군자무본 본립이도생(君子務本 本立而道生)'이란 말이 있습니다. 즉 군자는 '기본에 힘을 쓴다. 기본이 서면 도가 생긴다'는 것입니다. "타인이 아는 것에 대해 알고 싶어 하고, 타인이 생각하는 것에 대해 함께 생각하는 것이 진정한 커뮤니케이션"이란 말도 있습니다. 정치 역시 이와 다를 게 없습니다.

유체이탈 화법과 '내로남불'은 아직도 정치권을 배회하고 있습니다. 이러한 현상들도 '국민들과 따로 놀며 국민들과 구체적으로 소통하지 않는다'는 단적인 증거입니다. 국민들 곁에서 함께 동행을 하면 '내로남불'은 있을 수가 없겠지요.

축구에서 에베레스트 산 같은 키 크고 덩치 큰 선수에 밀리지 않는 전략은 공간을 적절히 활용하는 '패스 축구'입니다. 정치인들이 솔선수범하면서 힘겨운 이웃들에 '사랑과 연대의 패스'를 건네는 게 정치의 핵심입니다.

봉사 활동으로 현장 목소리를 들으면서 저 스스로가 구민들로부터 많은 것을 배우고 있습니다. 논어에 '세 사람

한나라당 중앙위원회 동래지회장 시절
- 박관용 국회의장님과 함께

이 모인 곳이면 반드시 내 스승이 있다'란 구절이 있습니다. 다행히 저에게는 그러한 스승들을 알아차리는 '자각의 눈'이 있어 그들로부터 자극을 받아 저를 좋은 방향으로 발전시킵니다. 구민들 덕분에 지역에서 자리 잡을 수 있었는데, 여기에 더해 제 삶까지 일깨워 주셔서 많은 혜택을 받았습니다. 과분하게 받은 은혜를 이제는 돌려드리는 게 제 의무이자 인간으로서의 도리라고 생각합니다.

> 사교육을 공교육의 적으로
> 파악하는 관행이 아직까지도 지속되는 것
> 같아 안타깝습니다.
> 사교육은 대체재가 아닌,
> '공교육의 보완재'란 사실을 알아주었으
> 면 좋겠습니다.

08
사교육의 순기능을 널리 알리다

저는 2011년 제14대 학원총연합회 부산시 지회장을 맡으면서 많은 성과를 이뤄냈습니다.

사교육을 공교육의 적으로 파악하는 관행이 아직까지도 지속되는 것 같아 안타깝습니다. 사교육은 대체재가 아닌, '공교육의 보완재'란 사실을 알아주었으면 좋겠습니다. 정상적인 사교육 학원 수강료는 그렇게 비싸지가 않습니다. 대개 정부에서 발표하는 사교육비는 개인과외비, 학습지 비용, 인터넷 강의비용, 학원비를 전부 포함하는 것입니다. 하지만 학원비는 법률로 정해져 있기 때문에 학원측 임의로 받을 수는 없습니다.

아이들 보습학원과 외국어학원, 음악미술학원, 컴퓨터학원들의 순기능도 큽니다. 대개가 부모들이 직장에서

퇴근할 때까지 아이들을 돌보는 '돌봄 기능'도 함께 맡고 있습니다. 부산 지역에는 평생직업교육학원을 포함해 약 5천 여 개의 학원이 존재합니다. 학원 종사자 수는 대략 2만 5천~3만 명이 되며 간접종사자를 포함하면 그 수는 훨씬 많습니다. 젊은 층 일자리도 크게 부족한 상황에서 일자리 증가에도 적지 않은 도움을 주고 있습니다.

대개가 소규모로 운영되고 있어서 그들에게 자긍심을 심어주면서 잘 활용하면 지역 공동체의 훌륭한 촉매제로도 자리 잡을 수 있습니다.

대한민국 출산율이 감소하고 있는 상황에서 정부가 그 기능을 인정해 직간접적으로 지원해주는 제도적 장치도 필요하다고 여겨집니다. 이러한 정책은 학원들에게도 자긍심으로 이어져서 공동체 발전에 함께 참여하려는 의욕도 생깁니다.

사교육 과잉을 막기 위해 교육청에서 실시하는 '방과후 학교'도 담당 강사가 현재 학원 선생님들인 경우도 많습니다. 그런 이유로 강사들을 각 학교에 연결, 조달하는 '방과후 학교' 관련 업체까지 생겨 각종 부조리가 만연하기도 합니다.

지역교육청에서 각 동별로 '방과 후 학교'를 담당하는 사설학원을 지정해 거기서 방과 후 수업을 듣는 게 오히려 더 효율적이란 생각을 합니다. 그렇게 하면 중개 업체에 지불하는 이중 경비까지 줄일 수 있습니다.

또 예체능학원들의 순기능도 무시할 수 없습니다. 예를 들면, 최근 각종 국제음악콩쿠르를 휩쓰는 음악 천재들의 음악적 재능을 일찍이 발견하는 곳은 대개가 집 근처 동네 음악학원들입니다. 이런 요소들을 정부가 간과해서는 안 됩니다. 그 순기능을 인정해 제도권에 편입시켜 지원하는 방안도 적극적으로 강구해야 할 것입니다. 학교에서 체계적인 예체능 교육을 실시하기란 쉽지가 않습니다. 기존의 인프라를 잘 활용해 통합해서 정부가 지원을 하면 예체능 분야의 교육 활성화와 함께 전반적 인성 교육에도 큰 도움을 줄 것입니다.

저는 국회의원이 되면 이러한 '공교육 보완재'로서의 사교육과 지원책 활성화에도 노력할 것입니다.

> 지켜봐라, 패배한 자들이 썼던
> 이 모자들을! 그러나
> 우리 쓰라린 패배 순간은 이 모자들이
> 마지막 벗겨져 내려 땅 위를 굴렀던 때가
> 아니었어
> 우리가 그 모자들을 고분고분 머리 위에
> 썼을 때였어...
>
> — 브레히트 (극작가)

✦✦ 09 ✦✦
송긍복, 비장한 각오로 출사표를 던지다

지금 돌이켜 생각해보면 제가 살아오면서 사회로부터, 특히 동래구민들로부터 많은 혜택을 받았습니다. 이제 제법 나이가 들면서 그것을 갚아줘야 할 때가 온 것 같습니다. 저 송긍복, 동래구 국민의힘 후보로 정치 출사표를 던지려고 합니다.

정치권이 정쟁에 매달려 '민생'에는 관심 없는 현상이 반복 또 반복되고 있습니다. 살기가 버거운 서민들은 거친 숨을 헉헉거리고 있습니다. 정치권의 '모르쇠'는 정말 답답한 현실입니다.

정치권 '유체이탈 화법'과 '내로남불'은 정치 냉소주의를 부추깁니다. 텔레비전에 정치뉴스만 나오면 채널을 돌립니다. 그런데 영국 프리미어리그에서 맹활약하는 손흥민 선수 경기는 이른 새벽에도 눈을 비비며 일어나서

봅니다. 온 힘을 쏟아 붓는 열정과 페어플레이를 펼치는 진정성 때문입니다.

정치도 이 같이 바뀌어야 합니다. 살아 꿈틀거려 국민들이 생생하게 몸으로 느끼는 정치를 향해 자신 있게 도전장을 던집니다.

저는 30년 이상 동래구에서 학생들을 가르치며 지역을 위해 봉사해 왔습니다. 동래구 현안들과 구민들의 희망사항을 구석구석 잘 알고 있습니다. 자라는 청소년과 청년들, 후손들에게 부끄럽지 않은 정치를 하겠습니다.

첫째, 시대가 원하는 정치를 하겠습니다.

사회가 급하게 바뀌고 있습니다. 수직성이 아닌 수평성, 이성이 아닌 감성, 일방적 주장이 아닌 공감의 사회로 급격히 바뀌고 있습니다. 그런데 유독 정치판은 그렇지 못합니다.

저는 "왜 그럴까?" 고민해왔습니다. 정치가 자기 안위와 정쟁에 매달려 국민들 목소리를 제대로 듣지 않았습니다. 민생 현장을 두루 세심하게 살피겠습니다. 여러분들의 희노애락과 언제든지 함께 하겠습니다.

둘째, 여러분들의 가용 주파수에 채널을 맞추겠습니다. 저는 30년 넘게 동래에 뿌리내린 '동래 지킴이'입니다. 대한민국과 부산시 현안들도 누구보다 잘 알고 있습니다. 이제는 외부 관찰자가 아닌, 진정으로 지역을 발전시킬 수 있는 인물을 골라야 합니다.

"나 왔어!"가 아닌, "언제든지 여기 있어요!"를 당당하게 내세울 수 있어야 합니다. 그런 사람이야말로 지역문제 해결사가 될 수 있습니다. 철새 정치꾼들은 허황된 말장난에 빠진 채, 시민들의 실제적인 삶을 외면하기 일쑤입니다. 우리는 그것을 '정치 놀음'이라고 이릅니다.

선거 때에 맞춰 '깜짝 쇼'를 벌이는 정치인들은 처음에는 그럴싸한 말로 현혹하는데, 나중에는 결국 시민들이 이물질 같이 받아들입니다. 지역 사정을 전혀 모르고 현실성이 없는 허구적 정책과 이데올로기들을 생산하기 때문입니다. 많은 군중 속에서도 내 가족은 금방 찾고 시장 한복판에서도 내 아이 소리는 귀에 꽂힙니다. 철새 정치인들의 목소리는 알아들 수가 없습니다. 우리는 그것을 '헛소리'라고 부릅니다. 저는 당당한 동래의 구성원입니다. 여러분들의 기쁨과 행복, 슬픔과 좌절까지도 세밀하게 들을 수 있습니다.

셋째, 동래구 저항정신을 바탕으로 새로운 정치 문화를 구축하겠습니다.

동래구는 저항의 상징 지역입니다. 임진왜란 당시 동래성을 사수하기 위해 산화한 송상현 공과 주민들의 얼이 기린 곳이며, 3.1절 항일운동에서 맹렬하게 저항했습니다. 또 안락서원은 조선 후기 대원군의 전국 서원 철폐령 **에도 살아남은 곳입니다.**

동래구민들이 온몸으로 항거한 덕분에 우리의 오늘이 있습니다. 저항 정신은 곧 미래 지향적 정신입니다. 저항과 혁신의 정치에 온 열정을 다 쏟겠습니다.

넷째, '쫓아가던 전략에서 이끌어 가는 전략으로!'의 비전을 제시합니다.

동래구는 훌륭한 전통과 유능한 인적 자산, 물적 자산을 충분히 갖춘 지역입니다. 부산 8학군의 옛 명성, 야구도시 다운 사직운동장 함성, 그리고 김해공항, 남해고속도로, 경부고속도로를 관통하는 4통 8달의 교통요충지입니다. 또 온천장. 충렬사, 동래향교, 복천동고분군 같은 역사적 문화유산을 두루 갖추고 있습니다. 그런데 이러한 지역적, 물적, 인적 자본을 잘 활용하지 못하고 있

습니다.

뜻을 함께 모아 '연대와 통합의 동래'를 이루겠습니다. 동래구를 전국에서 부러워하는 '롤 모델'이 되게 하겠습니다. 동래구가 서울 강남구보다 못하란 법은 없습니다. 또 동래구가 '부울경 메가시티'의 중심기지로서 발전하는 데 최선을 다하겠습니다. '미래의 살맛나는 동래', 제가 책임지겠습니다.

다섯째, 제가 가장 중요시 여기는 것은 신뢰입니다. 신뢰의 정치를 하겠습니다.

'처음부터 끝까지' 동래구를 책임지겠습니다. 월남 이상재 선생은 유시유종의 중요성을 강조했습니다. "시작이 있으면 끝이 있어야 한다"는 것이지요. 사실 시작이 없으면 과정과 끝도 없으니, 인생에 있어 시작같이 중요한 것은 없습니다. 그런데 시작은 출발의 한 시점에 불과하며 더 중요한 것은 끝맺음까지의 과정입니다.

이는 제 정치 인생에서도 똑같이 적용되며 한 번 시작하면 끝까지 책임을 질 각오입니다. 그동안의 경험과 연륜, 신뢰와 뚝심을 바탕으로 '오늘도, 내일도 행복한 동래'를 약속합니다.

 '긍지와 희망의 동래, 사람이 행복한 나라'를 위해 저 송긍복, 이 한 몸 바치겠습니다.

철새 정치인들의 목소리는 알아들 수가 없습니다.
저는 당당한 동래의 구성원입니다.
여러분들의 기쁨과 행복,
슬픔과 좌절까지도 세밀하게 들을 수 있습니다.

30년 이상 동래구에서 학생들을 가르치며
지역을 위해 봉사해 왔습니다.
동래구 현안들과 구민들의 희망사항을
구석구석 잘 알고 있습니다.

끝나지 않은 꿈
ⓒ 2024 송긍복

초판발행 | 2024년 1월 5일

지 은 이 | 송긍복
펴 낸 이 | 이점식
펴 낸 곳 | 도서출판 거북골
등   록 | 제329-1996-3호
주   소 | 부산광역시 부산진구 부전로5-1
이 메 일 | geobook80@hanmail.net
　　　　　　T. 051)808-5571　F. 051)809-5571
인 쇄 처 | 거북인쇄공사

ISBN 979-11-91208-49-8 03810 정가 20,000원

※ 이 책은 저작권법에 따라 보호받는 저작물이므로 무단전재와 무단복제를 금지합니다.